Durante esta travesía que [...] me ha rodeado de amigos. Definitivamente, Susi y Ricardo son parte de esos amigos. A cada uno de mis amigos le distingue detalles particulares. Ricardo y Susi están llenos de detalles hermosos, pero hoy quiero resaltar su capacidad de superar uno de los peores obstáculos que existe: El qué dirán. Aparte de eso, quiero resaltar esa valentía de ir por encima de cualquier pronóstico, después de haber atravesado las más fuertes tormentas, escogiendo creerle a Dios y superando crisis que hoy día muchos matrimonios no han podido superar. Si estabas buscando una lectura para sanar heridas que no te han permitido seguir adelante, la encontraste.

—RENÉ GONZÁLEZ,
autor y cantante
Pastor principal, Iglesia Casa de Júbilo, PR

Desde que lo conocí hace más de 25 años he admirado la voz de Ricardo Rodríguez. De hecho, en muchas ocasiones he dicho en son de broma que cada vez que lo oigo me pregunto por qué no mejor pongo un puesto de taquitos mexicanos en lugar de cantar. Su voz es ciertamente privilegiada, pero lo que va más allá es la unción particular que Dios le ha dado. Sus canciones me han quebrantado delante del Señor de una manera inexplicable. Su más reciente producción Huele a lluvia me trajo cientos de lágrimas de enamoramiento y entrega al Señor como ningún otro proyecto musical que he escuchado recientemente. Cuando me quiero sentir agradecido y enamorado del Señor lo vuelvo a escuchar una y otra vez.

La unción viene de la mano del quebrantamiento. El estado de absoluta dependencia que nos trae la tribulación hace que Dios derrame más de su aceite en nuestra vida. Nos llenamos de Él durante los momentos de prueba. Después de leer este libro pude entender el porqué Ricardo goza de una unción por encima de muchos. Su testimonio de rompimiento y restauración es uno que cimbró mi vida.

Qué gran ejemplo de perdón y restauración nos dan el matrimonio Rodríguez. Estoy convencido que este libro traerá libertad y restauración a miles de matrimonios que el enemigo está queriendo destruir. A través de la experiencia que vivieron Ricardo y Susana, Dios sanará a muchos. Su transparencia y honestidad me tocaron en lo más profundo. Requiere de gran coraje ser transparente. Estos dos individuos son generales en el ejército de Dios porque han vivido la batalla, aprendido de sus errores y se han mantenido en pie para luchar contra el enemigo. Los honro como grandes de la fe. Es un orgullo ser su amigo y consiervo.

Espero que Dios te hable por medio de Susana y Ricardo al leer esta historia de la milagrosa redención que es su testimonio.

—MARCOS WITT,
reconocido y galardonado adorador

¿Y SI COMENZAMOS DE NUEVO?

¿Y SI COMENZAMOS DE NUEVO?

SUSANA Y RICARDO
RODRÍGUEZ

CASA CREACIÓN
Para vivir la Palabra

Para vivir la Palabra

MANTENGAN LOS OJOS ABIERTOS,
AFÉRRENSE A SUS CONVICCIONES,
ENTRÉGUENSE POR COMPLETO,
PERMANEZCAN FIRMES,
Y AMEN TODO EL TIEMPO.
—1 Corintios 16:13-14 (Biblia El Mensaje)

¿Y si comenzamos de nuevo? por Susana y Ricardo Rodríguez
Publicado por Casa Creación
Miami, Florida
www.casacreacion.com
©2016, 2021 Derechos reservados

Library of Congress Control Number: 2016949017
ISBN: 978-1-62136-950-9
E-Book ISBN: 978-1-62136-951-6

Desarrollo editorial: *Grupo Nivel Uno, Inc.*
Diseño interior: *Grupo Nivel Uno, Inc.*
Fotografía por: *Héctor Torres de Shoin Studios Cabello*
Maquillaje por: *Ruthy Rosario*
Vestuario de las niñas por: *Omayra Font y su tienda Marki*

Impreso en Colombia

24 25 26 27 28 LBS 9 8 7 6 5 4 3 2

DEDICATORIA

Este libro está dedicado a nuestras princesas, Madison y Miabella Rodríguez, quienes han sido, no solo una bendición para nuestras vidas, sino también un recordatorio diario de la fidelidad de Dios. Sus planes, aunque a veces toman su tiempo en desarrollarse, siempre dan resultados espectaculares que sobrepasan todo sueño e ilusión.

Es el profundo deseo de nuestros corazones que al ustedes leer la historia de Papá y Mamá puedan llegar a la conclusión de que el amor se pelea, se defiende, se abraza, se suelta, se guarda en el corazón, aunque se demuestra con acciones, perdona y olvida, y nace de nuevo aun cuando la llama se apaga. Pero por encima de todo, queremos que sepan que Dios siempre tiene un plan, ¡Él nunca falla!

We love you Miabella and Madison!!
Papi y Mami

RECONOCIMIENTOS

La familia, en el mejor ejemplo de la palabra, es uno de los mayores regalos preciosos de Dios; es aquel refugio en momentos tumultuosos en donde uno encuentra paz y seguridad, a pesar de los vientos que puedan estar azotando el alma. Es un escondite de amor y compasión en medio de nuestros peores fracasos y errores. Es un lugar lleno de abrazos sinceros y tiernas palabras que te motivan a no darte por vencido, y luchar contra viento y marea por tus sueños.

Nuestra familia ha sido eso y mucho más para nosotros, y por eso estamos eternamente agradecidos. Comenzando con nuestros padres, Miguelina Rodríguez, Oralia y Horacio Tamayo, quienes nos han dado ejemplos de fe y amor sin par durante los momentos más difíciles de nuestras vidas. A Rachel y Hamlet Díaz, por su amistad y valentía, y por demostrar que hay batallas que merecen ser peleadas. A Mery Parenzuela, Llily y Sam Fitzpatrick, Mauricio y Viviana Tamayo, y Odenia Meléndez, gracias por el apoyo y el amor demostrado durante todos estos años.

Gracias en especial a Norma Rodríguez (hermana de Ricardo), quien día tras día nos demuestra lo que es vivir una vida agradecida y llena de fe, siempre con su bella sonrisa y su inigualable pasión por la música de su hermano (mamamo).

¡Les amamos!

A nuestros amigos:

Luis y María Fernández, por la iniciativa y fe en nuestro ministerio, que nos impulsaron a contar nuestra historia de amor.

Casa Creación, por la oportunidad brindada, y por demostrar visión y tener paciencia durante todo este proceso.

Isaac y Lyssie Hernández, por los años de amistad y apoyo incondicional.

Judy Rojas, por ser la definición de una amiga fiel y transparente.

Pastor Julio Landa, por las palabras de esperanza y aliento que apaciguaron las aguas turbulentas.

Pastores Aner y Vivian Morejon por ser ejemplo a seguir en nuestro proceso de restauración.

Bobby y Rose Cruz, por el manto de protección y los sabios consejos.

Luciano Rodríguez, cuyo regalo del libro *Perdonar para ser libre* cambió el guión de nuestra historia.

Pastora Omayra Font y su tienda Marki por los preciosos vestidos de nuestras hijas.

Hector Torres (Fotografía Shoin Studios), por brindarnos siempre lo mejor de ti; tu talento y tu amistad.

Ruthie Rosario (maquillaje y pelo), por siempre sobrepasar nuestras espectativas.

Lydia Castro Morales, por creer en nosotros desde el principio y guiarnos hasta el final.

Pastores Frank y Zayda López (JWC), quienes llegaron justo a tiempo, enviados por Dios, para confirmar esta nueva etapa en nuestras vidas y demostrarnos que nuestra historia merecía ser contada. ¡Gracias, gracias, gracias!

Pero por encima de todo, a ti, Señor, gracias, por tornar lo vil en algo precioso y darnos esta oportunidad de ser ejemplos de tu amor y compasión.

CONTENIDO

PRÓLOGO

CUÁN IMPORTANTE ES aprender a ser un líder que nunca se olvida que representamos al Dios de amor, de restauración y de misericordia. Como pastor, la historia de Susana y Ricardo me ha confrontado tanto. Cada capítulo es una enseñanza impresionante para mí de cómo pastorear con amor y cómo reaccionar correctamente cuando alguien comete un error. Como pastores invertimos tiempo, energía y oración en ver a nuestras ovejas encaminadas en los caminos de Dios, y a veces nuestra expectativa es algo irreal, al pensar que ciertos errores o pecados nunca podrían suceder en una persona cristiana. La falta grave que cometió Susana indiscutiblemente se considera pecado y, como líderes, esperamos que eso no suceda dentro de la Iglesia.

Sin embargo, la realidad es que todos somos capaces de pecar, y hasta capaces de cometer errores muy graves. Lo cierto es que todo siempre tiene un origen. No solo fue error de ella, sino que también la ausencia de Ricardo en la casa, la falta de balance en las prioridades de sus vidas y las demandas del ministerio y de la iglesia, provocaron un vacío o una grieta por donde Satanás atacó. No podemos olvidar que estamos en una guerra espiritual, que tenemos a un enemigo que vino para robar, matar y destruir. Pero también he entendido que el poder de Cristo se perfecciona en nuestras debilidades, y que aquello que Satanás maquinó para destrucción, Dios lo puede convertir en una fuente de inspiración y en un mensaje que salvará a millones.

Ricardo y Susana son una de esas historias reales donde la gracia de Dios pudo más que el error humano, el orgullo y las estadísticas. Pero esa misma gracia es para que nosotros, incluyendo a los pastores y líderes cristianos, la tengamos para dar. Al leer este libro mi percepción de cómo reaccionar ante los errores o pecados de los miembros de mi congregación cambió por completo. La misma semana que estaba leyendo el capítulo donde Susana es descartada por todos al ser descubierta en su pecado, un miembro de mi iglesia me confesaba su pecado de adulterio y de cómo su cónyuge le había descubierto. Como pastor, había invertido tiempo, oración y cuidado en ellos, pero al descubrir que me había estado engañando, y a su cónyuge, mi reacción fue de enojo, juicio y renuncia a su cuidado. Sin embargo, Dios me confrontó y puso en mi corazón la convicción de atenderle con misericordia y aprovechar su arrepentimiento para restaurarle de su caída. Esto fue algo que sucedió en mí a raíz de haber leído la historia de Susana y Ricardo. Hoy entiendo que las personas caen y algunas se arrepienten. Y el arrepentimiento es el comienzo de la restauración que Dios quiere hacer.

Es muy importante proveerle a cada persona la guía y el cuidado pastoral. Un pastor es alguien que está comprometido a cuidar y a restaurar las ovejas. Ese cuidado puede evitar que las heridas en los corazones de las personas se mantengan abiertas y proveer la restauración necesaria para lograr una sanidad completa. Muchas veces, los pastores somos criticados por la congregación, e inclusive por líderes de la iglesia, que no entienden la grandeza de la misericordia de Dios.

Seamos útiles a Dios, seamos sus instrumentos. Dios nos necesita para cuidar, sanar y restaurar. No descartemos, no juzguemos, ni tampoco demos la espalda a un hermano que cae. Tengamos la madurez de aceptar que todos somos vulnerables, que cualquiera puede caer. Como líderes, estemos siempre dispuestos a dar misericordia, a ser una expresión viva de la gracia de Dios. Aun cuando la persona no la merece, seamos ejemplos del amor incondicional de Dios.

Me ministra tanto la historia de la mujer pecadora que encontramos en el Evangelio de Juan, capítulo ocho. Es la historia de una mujer que fue sorprendida en adulterio y expuesta delante de todo el pueblo por los escribas y los fariseos de la época. Todos estaban dispuestos a apedrearla. Pero al ponerla delante de Jesús, Él no la expuso a ella en su pecado, sino que expuso a todos los demás; todos ellos también eran pecadores de una forma u otra. Y cuando ella queda a solas con Jesús, sus palabras fueron: "Ni yo te condeno; vete, y no peques más" (v. 11). Obviamente, Jesús sabía lo que había en el corazón de ella. Ella tenía arrepentimiento en su corazón. Y su arrepentimiento activó la manifestación de la gracia que la hizo libre de su culpabilidad.

Un matrimonio que ama a Dios, y que le sirve, es prioridad en la lista de Satanás para engañarlo, confundirlo y destruirlo. Satanás es un experto engañando, y todos somos vulnerables a sus falsas oportunidades. Pero nuestro Dios es un Dios de gracia y de verdaderas oportunidades. Su gracia cancela el fruto del engaño y de la confusión, y en su gracia encontramos otra vez el camino correcto. Mientras más experimentemos la restauración y la gracia de nuestro Dios, así será nuestra revelación de su amor, de su paternidad y del poder de la cruz.

Si eres pastor, mentor, padre, madre o líder espiritual, quiero inspirarte a crecer en la misericordia y la gracia de Dios. Ten en cuenta que de la manera en que tú reacciones ante el pecado de otro puede iniciar un proceso de restauración o puede causar que las heridas del pecado empeoren.

Nuestras palabras y actitudes serán determinantes. El error mayor es juzgar. La virtud principal es la de manifestar misericordia e inspirar a la persona a tomar un cambio de dirección para alejarla del pecado.

Aprendamos del ejemplo de Ricardo y Susana. Dios es capaz de sanar cualquier situación. Dios no descarta y no hay nada imposible para Él. Hoy ellos sirven juntos y comparten su testimonio a multitudes. De lo peor que les ocurrió, Dios los restauró y los ungió para dejarnos saber que Él no descarta, que Él no murió para juzgar al mundo, sino para salvar al mundo y para restaurar al caído. El mismo Jesús que restauró a Pedro aun cuando este lo negó públicamente tres veces. El mismo Jesús que sanó a los leprosos. El mismo Jesús que perdonó al ladrón crucificado junto a Él en el Gólgota. El mismo Jesús que permitió que Tomás tocara sus heridas para que pudiera volver a creer. Ese mismo Jesús quiere seguir haciendo lo mismo a través de nosotros. Seamos esa Iglesia que lo representa dignamente. Nuestra actitud siempre debe ser la de abrazar al pecador y no la de descartarlo; una actitud de perdonar y restaurar al pecador. Así como Jesús nos enseñó: ninguno de nosotros está libre de pecado.

Como pastores, aún más, Dios nos pide que cuidemos su redil en amor, misericordia y en la sabiduría del Espíritu Santo expresando el carácter de nuestro Dios, que es de infinita gracia y Padre de nuevos comienzos. Cuidemos al rebaño de la misma manera que Jesús lo hizo. No hay pecado que Dios no perdone, y no hay nada imposible para Él. Él es el Dios que restaura. Y ver el poder restaurador de Dios es experimentar la máxima expresión del amor del Padre. No hay nada que Él no pueda restaurar. Es un misterio. Yo he visto que Dios, para arreglar cualquier situación, muchas veces permite que llegue a cero, y de cero Él crea algo maravilloso.

Creo con todo mi corazón que este libro es profético, que es un instrumento sanador y que será usado por el Espíritu Santo por generaciones. La sinceridad y la transparencia que los autores transmiten lo hacen muy único y excelente. Creemos en este proyecto y lo recomendamos con todo nuestro corazón.

Susana y Ricardo, ¡los felicito! Gracias por darnos esta joya y por la valentía de hacerlo. Su testimonio salvará multitudes de matrimonios y traerá una mayor revelación del poder de la gracia y la misericordia de nuestro Dios. Gracias, porque ustedes son pioneros en hablar de este tema, donde se expone la necesidad que existe en la Iglesia latinoamericana de poner por prioridad a la familia y el cuidado del matrimonio. De nada sirve ganar el mundo si nuestro hogar está fuera de balance.

Sobre todo, gracias por abrir sus vidas al mundo para alcanzarlo con el poder restaurador de nuestro Dios. Jesús hablaba de eso cuando dijo: "Amarás a tu prójimo como a ti mismo" (Mateo 22:39, RV60).

—FRANK LÓPEZ,
autor de *Bienaventurados los discípulos*

Y pastor principal de la Iglesia Doral Jesus Worship Center

*Aprendemos a amar, no cuando
encontramos a la persona perfecta,
sino cuando llegamos a ver de manera
perfecta a una persona imperfecta.*

—SAM KEEN
(1931–?) Escritor, profesor y filósofo americano

INTRODUCCIÓN

HAY HISTORIAS QUE se cuentan con orgullo y nostalgia, otras con temor y cautela. Puedo decir, con seguridad, que la nuestra tiene de todo. Abrir el corazón y compartir detalles íntimos de nuestras vidas no es fácil. Sinceramente, lo hacemos con precaución y escondidos en la gracia, el perdón y la misericordia de Dios, quien es nuestro amparo y fortaleza.

Sin embargo, nos motiva el hecho de contemplar la posibilidad de que alguien abrace la esencia de estas palabras: "¡Para Dios no hay nada imposible!" (Lucas 1:37, RVC). Que no importan las circunstancias, lo que diga la gente, cuán profundo sea el abismo, ni aun lo que tú pienses, Dios todavía sana, libera y restaura matrimonios quebrantados por causa del pecado. Nuestra historia es una de amor, fe y perseverancia. Común como cualquiera, diferente como ninguna otra. Es un jardín que volvió a la vida con el rocío sobrenatural de la inefable gracia de Dios. Si al leerla tan solo una persona es movida a abrazar la posibilidad de que Él puede hacer un milagro en su vida, y hasta lograr la reconciliación, compartirla es nuestro privilegio y divina responsabilidad.

No somos expertos en consejería matrimonial, ni perfectos como para conmover a nadie a seguir nuestros pasos. Es más, nuestras imperfecciones, sin duda, no deben ser imitadas. Lo que sí ofrecemos son unas simples palabras que te hablan con la clara y única perspectiva que solo aquellos que han atravesado el desierto de la disolución de un matrimonio pueden tener. Queremos hablar de cómo se siente la arena en las rodillas, y lo mucho que duele la quemadura del sol ardiente sobre la piel. De aquel frío que se sufre cuando estás sin abrigo en esas noches largas y solitarias, pero más que todo, dejarte saber con certidumbre que sí se puede llegar al otro lado de ese árido y cruel desierto en victoria. Que Dios tiene un plan perfecto diseñado, no solo para que puedas cruzar los desiertos de la vida, sino para que los cruces agradecido, fortalecido y elevado a un mayor conocimiento de su amor y poder. Él no solo puede, sino quiere y espera glorificarse en tu fracaso.

La Biblia dice que la paga del pecado es muerte, que todo lo que uno siembra, así mismo segará. Cada vez que escuchaba estos versículos pensaba en un tiempo futuro, aquel día en el cual todos estaremos delante de Dios en el juicio final con nuestras iniquidades expuestas y siendo juzgados por cada una de ellas. Allí daremos cuentas, pagando por aquellos errores con eterna condenación, separados de Dios para siempre. Algo terrible y muy distante, pensaba yo. Pero el pecado también trae consecuencias inmediatas, cobrando sin misericordia todo aquello que, en lo oculto, pensábamos era gratis. Tarde o temprano la cuenta llega.

Es difícil recordar con detalle, ya que es algo que he tratado de olvidar, pero si sé que fue un día como cualquier otro. No había una nube gris, ni caía lluvia como en las películas, no sonaba una canción melancólica, mientras mi esposa se acercaba para hablarme. Todo parecía normal. Nunca me imaginé que la cuenta del pecado estaba vencida y que el tiempo de cobrar había llegado. Los errores no siempre los pagan los culpables; muchas veces, los inocentes terminan atropellados y pagando por ellos.

"Te he sido infiel…"

Esas fueron las palabras que escuché de mi esposa. Aquellas que, en un instante, con resultados inmediatos y agonizantes, sepultaron nuestro matrimonio, arrasaron mis sueños, y dieron fin a toda esperanza de una vida feliz con mi esposa. Éramos una estadística más. Otra pareja fracasada.

Es increíble cómo cuatro palabras pueden traspasar el corazón, matando toda ilusión y esperanza en un abrir y cerrar de ojos. Se me hace imposible describir las emociones que se viven cuando sabes que tu realidad nunca será igual, que tu fantasía ahora es una cruel pesadilla de la cual no te puedes despertar.

Las consecuencias del pecado traen condenación, angustia y muerte en nuestra vida terrenal así como en la espiritual. Por mucho que uno pida perdón, el dolor sacude el alma, dejando heridas profundas que tardan mucho en sanar.

Pero estoy adelantándome, déjame comenzar desde el principio. Nuestra historia de amor...

—Ricardo Rodríguez

CAPÍTULO 1

MI HISTORIA EMPIEZA AQUÍ

Por Susana y Ricardo Rodríguez

"A todo aquel que lucha por vencer
La vida encadenada por las penas del ayer
Jesús te ha hecho libre
Aférrate y no olvides
Que digan lo que digan hoy de ti
Tu historia empieza aquí".

(**Susana**): «Hola, mi nombre es Susana Mabel...». Esas fueron las palabras que mi padre escuchó en un sueño, estando yo aún en el vientre de mi madre. Increíble saber que Dios estaba envuelto en mi vida, mucho antes de yo haber llegado a este mundo. Que Él no solo conocía mi nombre, sino cada paso firme y tropiezo vergonzoso que tomaría en mi caminar.

Nací un domingo, literalmente en la iglesia. Mi padre, siendo pastor en el Líbano, Tolima en Colombia, era responsable con el ministerio y no le gustaba faltar a las reuniones. Esa noche, como todas, llegó temprano a la iglesia. Les cuento que el viaje no era largo, ya que vivíamos en una habitación conectada al templo. Fue allí, en esa habitación, donde mi madre se quedó descansando, ya que los dolores de parto habían comenzado a aumentar. La partera del pueblo llegó justo a tiempo. No mucho tiempo después, la noticia llegó a la congregación como un anuncio dominical: «¡Ya llegó Susana Mabel Tamayo!».

A los tres años de edad, mis padres, buscando darnos una mejor oportunidad, recogieron sus bienes y, con corazones esperanzados, salieron para los Estados Unidos. Con tan solo cincuenta dólares en sus bolsillos, aterrizamos en Miami, y así comenzó el resto de mi vida.

Vivir en un país extranjero nunca es fácil. El inmigrante atraviesa por muchas dificultades que realmente hay que vivirlas para entenderlas: se pasa hambre, se sufren rechazos, y al final siempre pega la nostalgia. En medio de todo eso, Dios estuvo siempre fiel a nuestro lado, dándonos la seguridad de que todo iba a salir bien. Fui creciendo en un hogar lleno de amor y aprendí que lo material no era necesario para ser feliz.

EL FIN DE MI NIÑEZ

Por años vivimos en un barrio de bajos recursos, un lugar que muchos miraban con desprecio. Aun así nunca me percaté que éramos pobres. Para mí, ese barrio era un pedacito del cielo y disfruté mucho mi niñez. Recuerdo que me fascinaba hablar con Dios en mi tiempo libre. Me acostaba en el pasto, en las afueras de mi casa, y mirando a las nubes, le hacía preguntas a Dios. A veces, me inventaba canciones y le cantaba. Pasaba el tiempo feliz conversando con Él.

Sin embargo, no significa que no hubo momentos de peligro y tragedia. Vivir en sitios como esos nos mantuvo siempre expuestos al crimen y viendo cosas que rápidamente nos robaron la niñez. Recuerdo un día de verano muy caluroso. Varios niños del barrio se lanzaron a nadar en un canal cerca de casa. En los barrios pobres no había piscinas accesibles y se acostumbraba a usar los canales que daban al fondo de los edificios como piscina pública. Estos canales siempre estaban llenos de escombros y cuanta basura que uno pudiera imaginar: neveras, llantas, muebles y hasta carros que ya los dueños no le encontraban uso. Uno de los niños que estaba nadando en el canal ese día era mi compañero de escuela. Él y sus hermanitos estaban felices jugando en el agua, sin imaginarse que todo iba a cambiar en un instante. Mi amiguito se lanzó a lo profundo y nunca más volvió a subir. Todos lo buscaron, incluyendo mi padre que casualmente iba pasando y escuchó los gritos de sus hermanos. Él se tiró rápidamente para intentar localizar a mi amigo, pero todo fue en vano. Cuando llegaron las autoridades nos informaron que mi amigo se había quedado atrapado en una nevera al fondo del canal. Recuerdo como si fuera ayer la cara de angustia y frustración que tenía mi padre al no poder encontrar a este niño. Fue algo que nos marcó a todos, y mirando hacia atrás puedo decir con certeza que ese día fue el principio del fin de nuestra niñez.

Esa tragedia dejó en mí una profunda tristeza y, al mismo tiempo, me trajo mucha inseguridad. Recuerdo preguntarle a mis padres: «¿Qué pasa cuando alguien muere?». Ellos me explicaron que todos tenemos un alma y que, antes de morir, debíamos tomar una decisión de si aceptábamos a Cristo como nuestro Salvador o vivíamos una vida sin Él. Me explicaron acerca del cielo y del infierno, y siendo una niña de solo ocho años de edad, salí en mi bicicleta hacia mi lugar preferido. Allí en el pasto, me acosté y lloré inconsolablemente. En ese momento, decidí abrir mi corazón y pedirle a Dios que nunca me dejara y que fuera el Señor de mi vida. Yo entendí que sin Él no podía vivir, y que si yo llegaba a morir sin Él siendo el Rey de mi vida, no habría vida eterna para mí en el cielo.

MILAGRO DE SANIDAD

Desde pequeña sufrí de asma, y cuando los ataques apretaban mi pecho hasta no poder respirar bien, rápidamente mis padres me llevaban al médico, quien me inyectaba cortisona para ayudarme con la respiración. Este proceso, después de repetirse varias veces, comenzó a causar un aumento de peso en mi cuerpo que, sin duda, para una joven de once años resultaba ser un efecto mortal en la autoestima. El complejo apagó por completo aquella sonrisa que todos admiraban, me convirtió en una niña introvertida sin deseos de mirarse en el espejo.

Mis padres, con todo su amor y buena voluntad, nunca entendieron lo que yo necesitaba; un abrazo, un "te quiero", unas palabras tan comunes pero poderosas como: "Eres una bella princesa". Añoraba escucharlas tanto, pero a veces lo que llegaba a mi oído empeoraba la situación. Mi padre tenía un dicho que me decía todos los días: «Lo único lindo que usted tiene son los dientes, ¡cuídeselos!». Ahora entiendo que era su manera de enseñarme a cuidar mi dentadura, ya que él había sufrido mucho con sus dientes. Pero muchas veces recuerdo haberme sentido fea y pensar que lo único bonito eran mis dientes.

Hay muchos estudios que resaltan la importancia de los padres en la vida de sus hijas. Las estadísticas demuestran que el noventa por ciento de la autoestima de las niñas es dada por su padre antes de la edad de doce años. Enfatizan que los padres que dan atención a los logros, intereses y caracteres de sus hijas, producen adultos saludables y seguros de sí mismos, mientras que aquellos padres que se enfocan tan solo en las apariencias pueden causarle daño, afectando la autoestima. Una niña que se cría sin padre tiende a tener una autoestima baja, contrario a aquellas que tienen un padre activo en su desarrollo.[1]

Es sumamente importante dejarles saber a nuestras pequeñas hijas que son amadas, bellas, y que tienen todo lo necesario para triunfar en la vida como mujeres seguras de sí mismas bajo el perfecto plan de Dios. Muchas veces, nos encontramos con hijos que tienen padres tan ocupados en proveerles materialmente, que no reciben el respaldo físico y verbal que verdaderamente necesitan para crecer con una buena autoestima.

Una noche, después de un servicio en nuestra iglesia, llegamos a casa y empecé a sentirme mal. Ya conocía los síntomas del asma, se me estaban cerrando los pulmones y con cada segundo que pasaba, se me hacía más difícil respirar. Rápido llamé a mis padres para que me atendieran y oraran por mí. El asma es algo aterrador; si para un adulto es difícil, para un niño es peor. El miedo y la angustia que se sienten causan que uno se agite más y, a la vez, empeora la enfermedad. Siempre era así conmigo. Nada estaba trabajando y mis padres, al verme en esa situación, decidieron llevarme al hospital inmediatamente. Ya de camino sentía que no iba a llegar; cada respiro era un reto y mi cuerpo sin fuerzas luchaba por sobrevivir. Mis padres no podían esconder la preocupación en sus rostros. Sin embargo, este viaje parecía más largo que los demás y pronto me di cuenta que habían dejado atrás el hospital por varios kilómetros. Siguiendo un rumbo desconocido y dejando atrás cualquier esperanza de mejorarme, manejaron con urgencia. Había otros planes esa noche. Mi padre iba a poner su fe en acción y, de una vez por todas, depositar la vida de su hija en las manos del Gran Médico. Él había escuchado de una campaña de sanidad cerca de nuestra ciudad y allí llegamos con gran expectativa.

Papi me cargó en sus brazos y entramos por las puertas de la iglesia. Yo con miedo y él con desesperación, juntos logramos pasar al frente. En ese momento, cuando el evangelista puso su mano sobre mi cabeza, sentí un calor por todo mi cuerpo y en un instante se me abrieron los pulmones. Respiré como un pez que regresa al agua, con pulmones sanos y un corazón lleno de fe. El Señor permitió que yo viviera el resto de mi niñez sin esos ataques drásticos de asma y sin más inyecciones de cortisona para poder respirar. Ya no era aquella niña tan delicada de salud, sino un ejemplo del poder sanador de nuestro Dios.

Mas Él fue herido por nuestras transgresiones, molido por nuestras iniquidades. El castigo, por nuestra paz, cayó sobre Él, y por sus heridas hemos sido sanados.

—ISAÍAS 53:5, LBLA

LLEGÓ EL AMOR

Al pasar los años, como cualquier joven que vive en una ciudad metropolitana, fui creciendo con las luchas y los desafíos que el mundo trae, pero a la vez siempre rodeada del ambiente de iglesia y con un gran respeto por las cosas de Dios. Puedo decir que la oración de mis padres y las enseñanzas que me dieron en mi niñez forjaron mi corazón y me prepararon para enfrentar mi adolescencia. La Biblia dice en Proverbios 22:6: *"Instruye al niño en su camino, y aun cuando fuere viejo no se apartará de él"* (RV60). Considero que por eso estoy aquí hoy, y por esa razón puedo contar esta historia de victoria y restauración.

Comencé a visitar una iglesia en Miami que acostumbraba a invitar salmistas y agrupaciones para dar conciertos. Un día invitaron a un grupo llamado Nuevavida. Fui acompañada de un amigo, quien estaba interesado en mí y yo en él. Nos conocimos en la iglesia y nuestra amistad comenzaba a tomar un giro más serio. Llegamos temprano para poder conseguir un buen lugar y disfrutar del concierto, pero para mi sorpresa, esta agrupación era bastante popular en Miami y el lugar estaba lleno. Comenzó a sonar la música y una voz fuerte y clara se escuchaba por el altavoz cantando del amor, de la misericordia y el perdón de Dios. Se sentía una atmósfera linda esa noche y Dios habló a nuestros corazones. Recuerdo que a mediados del concierto mi amigo me susurra en el oído unas palabras inesperadas: «Tengo un presentimiento que te vas a casar con el pianista». Yo lo miré con una cara sorprendida y un poco molesta, y le pregunté: «¿Por qué dices eso?». Él solo me dijo que lo sentía en su corazón. Todo fue muy extraño, ya que yo no podía ni ver al pianista, estaba muy lejos y mi vista no era tan buena. Definitivamente, el episodio me pareció bastante absurdo, pero terminó siendo algo profético.

En el año 1991, una amiga me invitó a participar en su boda como una de las damas. Los ensayos fueron en su iglesia, la cual pronto empecé a visitar. Me encantó cómo eran los jóvenes y la manera en que rápidamente pude hacer amistades allí. Un día, el pastor de jóvenes me invitó a un concierto, y cuando entré por las puertas de la iglesia esa noche, qué sorpresa me di al ver que era el mismo grupo Nuevavida que había visto unas semanas antes.

Al finalizar el concierto, el tecladista del grupo me invitó a cenar con ellos a un restaurante y allí me introdujeron por primera vez al cantante del grupo, Ricardo Rodríguez. Desde el principio, hubo una atracción entre los dos. Me encantaban sus manos velludas, quizás porque escondida en mi timidez esquivaba su mirada y me enfocaba solo en sus manos. Recuerdo que los muchachos del grupo nos sentaron juntos con la intención de que habláramos y tal vez intercambiáramos números telefónicos. El plan no funcionó, y al final de la noche, nos despedimos y pensé que todo había terminado allí.

Pasaron varias semanas, y un día me invitaron a ver un juego de fútbol americano de la iglesia a la cual felizmente asistía. Lo que no sabía era que Ricardo era el capitán del equipo y me alegré mucho al verlo allí. Al final del juego, Ricardo se acercó y me invitó a cenar. La cena duró varias horas pues hablamos de la música, la familia, Dios y más música. Esa noche, por fin, me pidió el número telefónico. Nos despedimos y quedé esperanzada de volver a escuchar su voz. Al día siguiente me llamó y conversamos por largas horas. Desde el principio, hubo una conexión profunda. Nos escuchamos el uno al otro, nos entendimos, compartimos tanto esa primera noche que terminamos la conversación a las cinco de la mañana. Esa primera conversación marcó nuestra amistad, y en ese momento supe que había algo especial entre los dos que se podía cultivar.

Recuerdo que mi trabajo en esa época era muy exigente. Yo era la encargada del laboratorio en el área de fotografías de oftalmología en el Hospital Bascom Palmer. Todos los días me pasaba en un cuarto oscuro procesando con químicos hasta cien rollos diarios de fotografías para que el doctor pudiera determinar lo que padecía el paciente. Mis días parecían eternos y las horas pasaban tan lentas esperando llegar a casa y poder hablar con él una vez más. (En ese tiempo no había celulares y una tenía que estar en la casa para recibir llamadas). Rápidamente el amor crecía y, unos meses después, nos hicimos novios con el permiso de mis padres.

UNA NOCHE ESPECIAL

Yo tenía 21 años y él 24, nos llevábamos muy bien y me encantaba ir a verlo cantar en sus presentaciones. Me deleitaba escuchar su talento y verlo escribir sus canciones. A los seis meses de habernos conocido, les pidió a mis padres sacarme a cenar. Esa noche todo fue muy lindo y romántico. El restaurante era lujoso y la comida exquisita, paseamos por la marina de Miami y encontramos unas góndolas con un hombre que cantaba en italiano, pero al acercarnos, sacó su aviso de "cerrado" y no pudimos montarnos en la góndola. Ricardo seguía ansiosamente buscando algo en qué montarnos. Todos los barcos ya habían cerrado y salimos del área hacia los carruajes tirados por caballos. Al acercarnos para pagar por una vuelta por el área de Bayside, me dio un mareo fuerte y nos retiramos al carro. Parecía que la noche no tendría fin para mí, ya que a este punto estaba ardiendo en fiebre y no sabía cómo decírselo a él, porque yo veía el esfuerzo que había hecho toda la noche para complacerme. Terminamos en una playa de Miami llamada Hallandale, cerca de la casa de sus padres.

Ricardo me pidió que camináramos unos minutos por la playa y así lo hicimos. Encontramos una casilla de salvavidas. Allí Ricardo se puso en una rodilla y me declaró su amor, y me pidió que fuera su esposa. Esto fue una gran sorpresa para mí, pues lo último que yo me iba a imaginar era que él me propusiera matrimonio esa noche.

La alegría que sentí esa noche fue inexplicable, uno de los momentos más emocionantes que jamás había experimentado. Yo iba a ser la esposa de Ricardo Rodríguez, un hombre que me amaba a mí, amaba a su madre y a toda su familia con todo su corazón, pero más que todo, amaba al Señor con todo su ser.

Comenzamos a planear nuestra boda y a buscar casa para comprar. La familia de Ricardo siempre fue muy unida y me hicieron sentir querida en muy poco tiempo. Lo primero que compré para nuestra boda fue mi vestido de novia, y todos los días lo miraba y me imaginaba cómo sería mi vida al lado de Ricardo, y cuántos hijos tendríamos. Estaba todo listo para un futuro feliz...

UNA MUERTE PREMATURA

(Ricardo): Un día, llegando del trabajo, mi padre tuvo que salir a la farmacia del barrio a buscar medicina para su hijo de casi dos meses de nacido que había estado enfermo. Mis padres siempre tomaban mucha precaución cuando mi hermana o yo nos enfermábamos, ya que habían pasado una situación muy difícil cuando mi hermana Norma nació. Hubo complicaciones en el parto y estuvo sin oxígeno por varios minutos. Esto causó un daño a su cerebro, lo cual afectó su desarrollo físico. Norma sufrió mucho de niña; sus primeros meses no fueron como los de los demás niños del barrio. Cuando cumplió sus dos años, los doctores les dieron la agonizante noticia a mis padres que probablemente Norma no llegaría a ver sus doce años de edad.

Por otro lado, yo nací pesando casi once libras. Mi madre me cuenta que era algo impresionante ver lo gordo y grande que era cuando niño. Me dice que, después de todo lo ocurrido al nacer mi hermana, los doctores y enfermeras del hospital, sintiéndose culpables hasta cierto punto por lo que había sucedido, tomaron toda precaución imaginable durante el embarazo y nacimiento de su segundo bebé. Le dieron vitaminas y todo lo que en esos tiempos se le podía dar a una mujer embarazada. Así que yo fui muy cuidado desde el principio, y cuando por primera vez me enfermé con una gripa, mi padre como cualquier otro padre bueno y compasivo, no lo pensó dos veces para montarse otra vez en su moto, después de un día largo de trabajo para ir a buscarle la medicina a Ricardito.

En la esquina de la casa, tranquilamente esperando el semáforo, un camión perdió el control y vino contra mi padre, dándole a su moto de una manera violenta. Perdió su vida al instante. Me cuentan que sus últimas palabras antes de fallecer fueron: «Ay, Dios mío». Tenía 27 años de edad. Dejó a mi madre viuda, de 29 años, con dos hijos pequeños: uno de tan solo 54 días de nacido, y la otra con la necesidad de recibir atención especial por el resto de su pronosticada corta vida.

Mi padre nunca pudo despedirse de su familia; no hubo palabras inspiradoras, ni un abrazo fuerte antes de cerrar sus ojos por última vez. A solo unas cuadras de su hogar, tan cerca de donde estaba todo lo que le importaba y tenía valor para su vida, allí, solitario, dio su último respiro de vida. No hubo tiempo de reconciliarse con aquel que tal vez había tenido algún disgusto; no pudo pedir perdón al que ofendió o quizás perdonar a quien le había ofendido. Su tiempo se venció, y las cuentas que no se cerraron, quedarían abiertas para siempre.

Ese accidente, sin duda, dejó a mi familia buscando respuestas y explicaciones de parte de un Dios que conocían como uno benevolente y lleno de amor. Pero estas nunca llegaron. No había razón humana, la mente no podía comprender, ni justificar, una tragedia tan grave y dolorosa. Los que rodeaban a mi madre en ese momento querían consolarla y darle ayuda emocional, pero por mucho que lo intentaron, no pudieron. Sin embargo, fueron las palabras de una amiga que, por medio de una carta que le llegó, lograron depositar esa esperanza que su corazón tanto anhelaba y necesitaba: "No hay dolor en la tierra que el cielo no pueda sanar".

ENSEÑANZAS QUE PERDURAN

Mi madre nunca se volvió a casar. Quedó viuda el resto de su vida y se propuso criar a sus dos hijos sola, pero siempre con la ayuda de Dios, y también la de su suegra. Mi abuela nunca la dejó sola. Aun cuando mi madre decidió salir de Cuba, mi abuela dejó todo atrás para acompañar a su nuera en busca de una vida mejor.

A los cinco años después de la muerte de mi papá, salimos rumbo a España. Nos ubicamos en Madrid y allí, mi madre y abuela, siempre obedientes al llamado de Dios, fueron una parte integral en la fundación de una de las primeras iglesias evangélicas de esa nación, la cual en esa época, todavía estaba bajo el gobierno de Franco.

Desde que tengo noción y memoria, mi vida ha sido una de iglesia y Dios, de fe y confianza, de oración y provisión. Yo soy de esa generación que iba a la iglesia de lunes a domingo, y el domingo se iba dos veces. Soy de los que vivía en las calles jugando con sus amigos, pero cuando había culto, se acababa el juego. No existían excusas para no ir a la iglesia. Si estabas enfermo, tenía que ser a nivel de hospital. ¡Y cuidado!, porque si oraban por ti, también eso se iba por la ventana.

Después de dos años en España, nos mudamos a South Gate, California (cerca de Los Ángeles), y allí vivimos por cuatro años. Aprendí a comer tacos, enchiladas, huevos rancheros, bueno, ni modo. Las influencias culturales que recibí formaron mis gustos, no solo por la comida sino también por la música. Comencé a tomar clases de acordeón y por un año le di con todo. Al final me rendí y caí con el instrumento que me serviría de amigo y compañero por el resto de mi vida: el piano.

A los once años de edad nos mudamos a Miami, Florida, la capital del sol. Nunca se me olvida la primera vez que vi las bellas playas de Miami y sentí ese sol ardiente en mi piel. Era como una postal pero más impresionante, y supe rápidamente que allí era donde yo quería vivir. Claro, para ser exacto, el barrio en donde terminamos viviendo se llama Carol City, y aunque el sol brillaba y ardía igual de día, de noche era otra cosa. A mi madre le robaban la cartera cada otra semana, y cuando no era la semana de la cartera, era el vidrio del auto que rompían buscando qué llevarse. No se podía dejar nada afuera sin cadena o algún tipo de seguro. Esto fue algo que aprendí rápidamente cuando me robaron mi primera bicicleta.

En la escuela existía claramente una división entre las razas. Tenías que escoger alguna pandilla de tu raza para poder tener protección y sobrevivir. Mi problema era que la escuela secundaria que me tocaba consistía un ochenta por ciento de raza negra, así que estar con los hispanos no me servía de nada. En verdad, la idea nunca me pasó por la mente. Viviendo con dos mujeres fuertes en su fe, trabajadoras e íntegras, me ayudó a nunca considerar defraudarlas.

MIS INICIOS CON LA MÚSICA

A unos meses de estar viviendo en Carol City, mi tía Mery abre una misión en el barrio, y al verme un día tocando un antiguo piano eléctrico que teníamos en la casa, decide que yo sería el pianista de la iglesia. Amo a mi tía con todo mi corazón, y su influencia en mi vida ha sido inmensa, pero en ese momento pensé que estaba loca. Yo no sabía ni la mitad de una canción. Apenas estaba comenzando con mis clases de teoría y no estaba preparado para tomar esa responsabilidad, pero ella, siendo una mujer de fe y visión, insistió hasta que no tuve más remedio que rendirme y empezar a aprenderme todos los "Himnos de Gloria y Triunfo".

Recuerdo mis primeros domingos luchando con encontrar la nota en que estaba cantando el director musical; hubiera sido más fácil encontrar el arca de Noé. Era un desastre, vergonzoso no solo para mí, sino para todo el que estaba presenciando ese drama todos los domingos. Pero algo comenzó a suceder dentro de mí. Esa responsabilidad que habían depositado en mis manos empezó a tener un efecto positivo en mi pasión y disciplina musical. Ahora en vez de salir afuera a jugar con mis amigos como lo había hecho tantas veces, me quedaba dentro de la casa más a menudo practicando las canciones del domingo. La música empezó a tomar una parte más importante en mi vida, y con el tiempo los resultados fueron evidentes. Ya podía tocar cualquier canción de cualquier himnario sin ninguna dificultad. Ya mis manos y mis oídos encontraban las notas de los solistas, por muy desafinados que fueran. El desafío de mi tía y la fe que ella depositó en mí, al ponerme a tocar el piano al frente de esa humilde congregación, fueron sumamente importante en el desarrollo de mi autoestima y de mi amor hacia la música.

Nuestra familia nunca fue pudiente, al contrario, éramos de un trasfondo humilde y trabajador. Mi madre limpió hoteles en España, y al llegar a los Estados Unidos junto con mi abuela, trabajó en factorías como costurera. No teníamos mucho, pero no nos faltó nada. Nunca me sentí pobre, simplemente no tenía dinero. Hay una diferencia. La pobreza, más que un estado financiero, es una condición mental. Yo sabía que el lugar en donde vivía no iba a definir quién yo era. Que las ropas, los carros y las joyas no podían añadir ni restarle a lo que ya había dentro de mí. Así que, aunque todos los barrios en donde vivíamos durante mi adolescencia eran pobres, nunca me sentí menos que nadie. Mi madre y abuela luchaban por darme todo lo que necesitaba, y muchas veces lo que se me antojaba, y ese esfuerzo y cariño que me demostraron me ayudó a no salirme del camino correcto. Muchos de los jóvenes con quienes fui a la escuela y jugaba en el barrio, hoy en día están muertos o presos, algo de lo cual estoy muy consciente cada vez que alguien me habla de perder su juventud dentro de la iglesia.

Mis mejores momentos y las más gratas memorias sucedieron en la iglesia. Allí encontré un refugio en donde podía soñar y rodearme de influencias positivas. Aunque no tuve padre, tuve pastores y amigos que me ayudaron en esos años de tanta vulnerabilidad. El pastor Melquiades Urgelles fue uno de ellos, quien junto con su familia, tuvieron una influencia increíble en mi transición de adolescente a joven. Él, junto con su esposa, Isabel, y sus hijos, Pablo, Isabelita, Melquis y Wilmer, formaron parte del cerco de protección que Dios, en su sabiduría, puso a mi alrededor. Ellos fueron los hermanos que nunca tuve y con los que siempre soñé, y siempre estaré agradecido por su amistad y el cariño que me brindaron durante esos años tan importantes.

AVENTURAS CON NUEVAVIDA

Tenía dieciocho años cuando, junto con los hijos del pastor Urgelles, decidimos formar una agrupación musical. Allí encontraría mi lugar, sería la pandilla que nunca tuve y una razón para poder salir de casa y viajar, pensaba yo.

Después de varios nombres, decidimos quedarnos con Nuevavida. Los muchachos y yo, junto con sus primos, Gilberto y Domingo Gomero, éramos inseparables durante esos años, y realizando tres grabaciones, logramos viajar por muchas partes de los Estados Unidos y Latinoamérica. Recuerdo que nos dio por arreglar un autobús del 1958 con camas, y en él nos fuimos de gira varias veces. Se podría escribir otro libro de esas aventuras, pero les cuento que pasamos más tiempo arreglando ese autobús que corriendo en él. Sufrimos hambre, frío, rechazos y desprecios, pero Dios estuvo siempre fiel a nuestro lado; Él nunca nos abandonó. Apasionados por el evangelio, armábamos un concierto en donde quiera que nos dieran la oportunidad. A veces, en gasolineras en el este de Los Ángeles; otras veces, en plazas de toros de ciudades que sus nombres no podíamos ni pronunciar; pero siempre con corazones sinceros y deseosos de compartir el mensaje de salvación y perdón. Fueron años que me transformaron y los cuales no cambiaría por nada.

LLEGÓ EL AMOR

Fue con el grupo Nuevavida que tuve el encuentro más importante de mi vida, después de Jesús. Un día, en pleno concierto en mi propia ciudad de Miami, estando detrás del piano cantando, como siempre lo hacía, me percaté de una joven vestida de blanco entrando por las puertas de la iglesia. Sé lo que están pensando: *¿Qué haces mirando a las chicas mientras estás cantando?* Mi respuesta es simplemente esta: Dios la puso en donde estaban mis ojos.

Había algo diferente en su rostro, sus ojos eran bellos, y su cabello crespo y largo la hacía sobresalir entre todas las demás. Tenía que saber quién era esta chica. Pero cómo hacerlo si yo era extremadamente penoso. Por eso me escondía detrás del piano y nunca me pedían hablar en los conciertos. Era un dilema. Gracias a Dios por los amigos que siempre te echan la mano en situaciones así. Gilberto, el otro pianista del grupo, conocía a la muchacha, y parece que se dio cuenta de mi interés por ella, porque al final del concierto la invitó a salir con nosotros a comer algo en un restaurante. Una idea genial, y más todavía cuando hizo que se sentara a mi lado. Esa noche creo que le dije tres frases a la joven. Al final nos despedimos y pensaba que mi oportunidad se me había escapado para siempre. Gracias a Dios que, semanas más tarde, me llegó la segunda oportunidad, y después de un juego de futbol americano que habíamos armado con los jóvenes de la iglesia, la invité a cenar.

Allí fue que por primera vez conocí a Susi. Después de escuchar su voz, de conversar tan solo unos minutos, me di cuenta que la conexión entre los dos era profunda. La cena estuvo llena de preguntas y declaraciones, opiniones y chistes. El tiempo pasó sin darnos cuenta, y después de unas horas envueltos en una intensa conversación, nos despedimos. Esta vez sí le pedí su número telefónico. La noche en que por fin tuve el valor para llamarla, terminamos hablando hasta las cinco de la madrugada. Algo que para un músico hambriento y sin trabajo no era difícil, pero para ella, que sí trabajaba y tenía que madrugar, fue un sacrificio grande. Desde esa noche, nunca más hablé con otra chica, nunca me interesó nadie más y le entregué mi corazón, incondicionalmente. Así comenzó nuestra amistad, una que rápidamente se convirtió en aprecio y después en cariño, terminando en un amor genuino y sincero. A los seis meses de ser novios le pedí que fuera mi esposa, y ella me dio el sí.

CAPÍTULO 2

HÁBLAME

por Susana Rodríguez

"Háblame, háblame
el silencio me desgarra el corazón
háblame, háblame
más que nunca necesito oír tu voz" ...

NUESTROS COMIENZOS COMO marido y mujer fueron humildes en todos los aspectos. Teníamos ilusiones y sueños como todo matrimonio joven y un amor que nos sostuvo aun en medio de la escasez. Teníamos aspiraciones de tener nuestra propia casa, pero eso siempre lo veíamos como algo muy lejano. Al principio, nos mudamos con la familia de Ricardo. Ellos vivían al norte de Miami, pero todos los fines de semana viajábamos hacia el sur para visitar a mi familia e ir a nuestra iglesia. En ese entonces, mi familia estaba en el proceso de reconstruir su casa, ya que después del huracán Andrew, la devastación los había dejado con mucho que arreglar, al igual que a tantos de los vecinos que le rodeaban.

Recuerdo que en uno de esos días que fuimos a visitarles, estaba parada afuera con Ricardo cuando un hombre en un tractor pasó y nos saludó. Este gesto nos sorprendió. La amabilidad no se conseguía fácilmente en ese tiempo, ya que todos estaban cansados de ser estafados. Había mucha construcción en el barrio, mucho dinero fluyendo a causa de los pagos de seguros, y todos los que habían sido afectados por la tormenta estaban alertas. Ricardo y yo habíamos estado buscando por todos lados una casa de las muchas que habían sido destruidas con el fin de comprarla y poder arreglarla poco a poco a nuestro gusto. Habíamos hablado con algunos amigos del barrio dejándoles saber nuestro interés en comprar una de estas propiedades, pero nada había aparecido. Así que, cuando el hombre en el tractor amarillo pasó por enfrente de nosotros y nos saludó, lo vimos como una señal de Dios. Me atreví a preguntarle si él sabía de alguna casa que estuviera en venta no muy lejos de la de mis padres. Amablemente, y para nuestra sorpresa, nos dijo: «Síganme». Nos montamos en el auto y le seguimos, y a tan solo unas cuadras nos mostró una casa totalmente destruida. Vimos que estaba abandonada y decidimos entrar por una ventana rota. Nos dimos cuenta que tenía parte del techo colapsado, las paredes deterioradas y la cocina destruida. Era un desastre total. Una vecina, al vernos entrar por la ventana, rápidamente se acercó y nos preguntó qué hacíamos ahí adentro sin permiso. Le dijimos por fe que estábamos interesados en comprar la casa y que si conocía al dueño. Ella respondió que sí, y nos dio el número telefónico, dejándonos saber que el dueño se había ido de la ciudad, pero que estaba interesado en vender.

Algunas personas no podían ver más allá de la devastación y abandonaron sus casas en las condiciones que el huracán las habían dejado. Por todas partes de la ciudad se veía tanta destrucción que muchos perdieron la esperanza de algún día poder regresar a la normalidad. Pero lo que para uno era basura para otro fue tesoro, y nosotros habíamos encontrado nuestro pedacito de cielo.

Ese mismo día marcamos el número que nos habían dado y logramos hablar con el abogado del dueño de la casa. Él nos dijo que nos avisaría, ya que otras personas habían hecho ofertas de compra recientemente y no había garantía que Ricardo y yo lográramos poner la nuestra a tiempo. Nos sentimos un poco desilusionados, pero a la vez sabíamos que lo que Dios tenía para nosotros nadie nos los podría quitar. Para ser sincera, como recién casados, ni siquiera teníamos la cantidad que estaban pidiendo, ni mucho menos los recursos para conseguirla en el tiempo especificado, así que de todas formas tendría que ser una obra milagrosa de Dios. Sin embargo, sabíamos que la fe sin obra es muerta, así que comenzamos a tomar acción rápidamente.

Lo primero que hicimos fue poner el Jeep de Ricardo a la venta. Esto fue algo sorprendente para mí, ya que él disfrutaba y amaba mucho a su Jeep, pero ahí pude ver la devoción y seriedad con la cual había entrado a nuestro matrimonio. También aprendí algo más de Ricardo en ese proceso. Con todos sus talentos y capacidades, aun con su intelecto y pasión por todo lo que hacía, a veces era un poco despistado. Esto salió a la luz cuando fue a poner el Jeep a la venta en la intersección más transitada de nuestro barrio. Lo estacionó en la esquina con su cartel de venta para que todo aquel que pasara por esa avenida pudiera verlo claramente. Lo limpió, dejándolo como nuevo, y allí lo dejó regresando a casa con mi papá, esperanzado con ansias de que pronto alguien le hiciera una oferta. A pocos minutos de llegar a casa, recibe la primera llamada, y recuerdo su rostro como si fuera ayer, cuando respondió. En vez de una oferta, le estaban llamando para decirle que había dejado las llaves del Jeep puestas en el timón. Salió disparado por la puerta de la casa a la intersección en donde posiblemente todavía permanecía su Jeep. Gracias a Dios que nada pasó y allí estaba sin daño alguno. Cuando por fin volvió, nos reímos hasta más no poder. No mucho tiempo después logramos venderlo por la cantidad que justo necesitábamos. Comenzamos a orar por el milagro de la compra de la casa pidiéndoles a todos nuestros familiares que se unieran con nosotros. Sabíamos que sería algo prácticamente imposible, pero maravilloso a la vez, que una pareja tan joven y de escasos recursos pudiera alcanzar este sueño. Ricardo y yo estábamos confiados que esa casa sería nuestra. Unas semanas después, tuvimos la llamada tan esperada del dueño. Ricardo habló con él y los dos decidieron encontrarse. El dueño era un señor muy cordial y amigable quien al saludarnos nos preguntó cuál era el interés en comprar su propiedad y cuáles eran los planes que teníamos con ella. Le dejamos saber que llevábamos tan solo tres meses de casados y que sería un sueño hecho realidad el poder tener nuestra propia casa. Le contamos nuestros planes de trabajar poco a poco en ella, haciendo todo nosotros mismos, con el fin de poder mudarnos tan pronto estuviera lista. Ricardo le mencionó que estábamos orando por ese milagro y que sabíamos que Dios tendría la última palabra. El hombre nos miró con una sonrisa en sus labios y nos dijo: «Ustedes son la pareja que estaba buscando para esta casa». Él era creyente también y sintió de Dios no vendérsela a cualquiera sino a quien Dios le dijera. ¡La casa era nuestra!

No hay palabras para describir la emoción que sentíamos los dos cuando por fin nos despedimos y comenzamos a caminar hacia el auto. Nos miramos con lágrimas en los ojos y allí, con admiración y humildad, le dimos gracias infinitas a Dios. Ese día marcó nuestro matrimonio para siempre. Primero, Dios nos posicionó en un lugar más seguro, pero más importante que eso, nos ayudó a soñar en grande y a nunca tenerle miedo a los imposibles. Nos quedamos con tan solo un auto, una casa sin techo ni ventanas y con mucho trabajo por delante, pero estábamos más que emocionados con nuestro pequeño tesoro del cielo.

COMIENZOS HUMILDES

Con la compra de nuestra casa, nos mudamos con mis padres para estar más cerca de la propiedad y así poder trabajar en todos los arreglos necesarios. Durante ese tiempo, Ricardo y yo trabajábamos en Bascom Palmer Eye Institute, y recuerdo que no podíamos esperar llegar a la casa cada día con el fin de poder trabajar en las reparaciones. Día y noche sin parar, bajo lluvia o sol del mediodía, no había nada que nos detuviera. De vez en cuando, algunos amigos de Ricardo pasaban a ayudarlo, especialmente los fines de semana, con los arreglos más difíciles. Fue una etapa de mucho esfuerzo físico, pero a la vez divertida y de mucha satisfacción. Todavía llevo en mi memoria a Ricardo y yo en el techo martillando las tejas y disfrutando cada minuto, porque sabíamos que era nuestro hogar.

Él se convirtió en electricista, plomero, carpintero, instalador de losas, y todo lo que hiciera falta para poder terminar nuestra casa y así poder mudarnos en ella. A los seis meses, todavía con mucho por arreglar, sin muebles ni electrodomésticos, decidimos entrar en nuestro hogar y al fin disfrutar de aquella bendición de Dios.

Al principio dormíamos en un sofá cama llamado futón, como una especie de colchoneta, que al levantarte en las mañanas, te dejaba la espalda con nudos y hecha pedazos. Algunas semanas después logramos conseguir una estufa y una nevera que un amigo iba a botar y nos las regaló. El lavamanos era uno de esos que se usan para lavar trapeadores de material plástico y color blanco. Todo era lo más básico y sin ningún lujo, pero nada de eso nos importaba; éramos felices estando juntos él y yo.

Yo no cocinaba muy bien, pero siempre intentaba complacer a Ricardo con algún plato que tal vez le fuera a agradar. Un día se me ocurrió hacerle el típico pastelón puertorriqueño. Había escuchado cuando le dijo a un amigo lo mucho que le fascinaba. Pero el problema que yo siempre enfrentaba al cocinar era dar con las medidas de los ingredientes. Esto me causaba muchos dolores de cabeza, ya que siempre terminaba cocinando para un ejército. Sucedió que terminamos comiendo pastelón por una semana entera: pastelón en el desayuno, almuerzo y comida. Creo que hasta el día de hoy, Ricardo no ha vuelto a probar el famoso pastelón.

COMPLICACIONES EN EL CAMINO

En 1994 nuestra iglesia me ofreció trabajar como asistente del tesorero. Ahí trabajé por unos meses hasta que Ricardo y yo decidimos abrir una librería cristiana en el área por donde vivíamos. Arrendamos un espacio en un centro comercial y le llamamos a nuestra librería Lighthouse Bible Bookstore. Las demandas de preparar una librería para una gran apertura eran enormes, por lo que Ricardo y yo decidimos cambiar de trabajos. Él tomó mi posición en la iglesia como asistente del tesorero y yo comencé a dedicar mis días y noches a la librería. Tomamos un préstamo, usando nuestra casa como colateral, para poder aumentar nuestro inventario y así comenzar con el pie derecho.

Había muchísimo que aprender y un inmenso trabajo por delante, pero el día al fin llegó y abrimos nuestra humilde tienda. Nuestra atención al cliente siempre fue prioridad y hacíamos todo lo posible por conseguir lo que nos pedían o necesitaban con rapidez y excelencia. Al principio fue lento, pero pronto se regó la voz y nuestro negocio comenzó a crecer. Parecía que teníamos todo bajo control.

Ricardo me dejaba en la librería por la mañana y se iba a la iglesia. Ya no solo hacía la contabilidad, sino que también dirigía la alabanza los domingos, y esto requería que estuviera en los ensayos de la banda y del coro por lo menos tres noches a la semana. Alrededor de las siete de la tarde llegaba para ayudarme a cerrar la tienda y de ahí partíamos juntos a la iglesia, comprando algo ligero de comer en el camino. Nuestro mundo se estaba complicando y el tiempo ya no nos daba abasto, pero con todo y eso, esta era nuestra nueva vida y éramos felices sirviendo al Señor.

En la librería, me pasaba los días atendiendo a los clientes, y muchas veces escuchando sus problemas y conflictos personales. Esto se convirtió en una rutina diaria que rápidamente comenzó a resultar demasiado para mí. Las personas comenzaron a ver la tienda como un lugar donde podían recibir consejería para sus distintos problemas. Era un hospital para los necesitados y cansados, por lo que me encontré ocupada resolviendo los asuntos de las personas, aun con mi poca experiencia. Hubo muchas historias y situaciones que me impactaron durante mis años en aquel lugar. Diferentes personas y momentos que jamás olvidaré, pero uno en particular se destaca, que me marcó para siempre.

Una mañana común y corriente, me encontraba sola en la librería cuando comencé a escuchar muchas sirenas de policía en el área de nuestro negocio. De repente, un joven entró y se arrodilló delante de mí, queriendo confesarme sus pecados. Estaba sudado y asustado, y supe inmediatamente que él era la razón por la que aquellas sirenas habían inundado el barrio. La policía lo andaba buscando. En ese momento vi el temor y la desesperación en sus ojos, pero en un instante, sentí una calma inexplicable caer sobre mí. Me llené de valentía y compasión, y comencé a hablarle a su alma. Hasta el día de hoy no puedo explicar de dónde salió, pero le hablé del perdón de Dios para quienes se arrepientan de sus pecados, del amor y la tierna misericordia de Él, de su gracia para nuestras vidas a pesar de que no la merecemos, y de que nos la da libremente, ya que Él pagó el precio de nuestros pecados con su vida en la cruz del Calvario. El joven comenzó a llorar desconsoladamente y se levantó, me dio las gracias y salió corriendo por la puerta de atrás de la tienda. Nunca más supe de él, pero sé que ese día había encontrado, donde menos lo esperaba, la paz en medio de su tormenta y la esperanza que su alma tanto necesitaba. No tengo ninguna duda de que Dios permitió que nuestros pasos se cruzaran, y sé que fue Él hablando a través de mí esas palabras de aliento y salvación. Jamás imaginé que en muy poco tiempo esas mismas palabras volverían a mí como un abrigo de invierno en el tiempo más frío de mi vida.

La librería siguió marchando bien y era mi segundo hogar. Allí me refugiaba en los libros y la música que siempre nos llegaba. Conocí a personas de diferentes etnias, religiones y rangos sociales que entraban a diario por las puertas de nuestra tienda. Recuerdo, en una ocasión, a un señor en particular que entraba con bastante regularidad. Por una amistad sabía que era un anciano de los testigos de Jehová, y verlo entrar a la tienda siempre me sorprendía. Llegaba durante el tiempo de almuerzo, o tarde después del trabajo, pero siempre con gafas de sol. Pedía ver todas las Biblias y terminó ordenando algunas ediciones especiales. Percibí que este hombre estaba buscando algo diferente. Al hablar con él en varias ocasiones acerca de la Palabra de Dios, pude discernir que tenía ciertas dudas y se veía confundido. Decidí simplemente orar y dejar que la Palabra de Dios y el Espíritu

Santo hicieran el resto. Después de todo, cómo iba a entrar yo en discusiones teológicas con alguien que había estudiado las creencias de los Testigos de Jehová toda su vida. Poco a poco comencé a ver ciertos cambios. Lo notaba más amable y un carácter diferente cada vez que hablábamos de la Biblia. Sabía que Dios estaba obrando en él, ya que con cada Biblia que compraba para su colección, se llevaba una oración especial depositada por mí. Sentía que era mi misión y ministerio hacerle entender que solamente había un Dios y que a través de Él encontraría la verdad que tanto buscaba.

Tiempo muy ocupado

Unos meses después de abrir nuestra tienda, la iglesia experimentó un crecimiento en la membresía y Ricardo fue promovido a dirigir la alabanza en los cinco servicios cada domingo. Prácticamente vivíamos en la iglesia. Cuando no estábamos en la tienda, estábamos allí, abrumados muchas veces por el manejo de ambas cosas y buscando encontrar algún momento para compartir a solas él y yo. Como suele suceder muchas veces con las posiciones de liderazgo, las cargas se hacen más pesadas cuando las prioridades se confunden. Pocas veces veíamos a nuestras familias y amigos, que apenas compartían con nosotros en el poco tiempo que nos restaba.

Durante esta etapa de nuestro matrimonio, Ricardo y yo habíamos decidido intentar tener un bebé. Yo estaba segura de que esto sucedería pronto. Tenía mis nombres listos, para niño o niña, y mis sueños e ilusiones en las nubes; pero pasaban los meses y nada. Estaba resultando más difícil de lo que ambos habíamos pensado. Sentía frustración y una deprimente desilusión que dominaba mis pensamientos. Todas mis amigas estaban quedando embarazadas y yo había sido designada a la indeseable posición de ser la única que no podía tener bebés.

Mis días eran intensos y monótonos, al igual que mis sentimientos. Comencé a sentirme triste y sola sin Ricardo. Su tiempo estaba sumamente ocupado y muy poco quedaba para mí después de todas sus responsabilidades en la iglesia y el negocio. Dejé de ser la esposa que quería cocinar y complacer a su esposo. Dejé de ver mi hogar como el regalo de Dios que era, y más como una casa vacía y aburrida. Ya no contemplaba todo lo que tenía con un corazón agradecido, y comencé a enfocarme en aquello que me faltaba. El agradecimiento es clave para vivir feliz, y el poder ver el favor y la bendición de Dios diariamente en mi vida, aun en medio de la escasez, había sido parte de mi DNA desde pequeña. Pero algo estaba cambiando en mi interior y mi mundo lentamente se había convertido en uno gris y sin valor. Nada de lo que hacía, o de lo que Ricardo hacía por mí, lograba llenarme de felicidad.

...dando siempre gracias por todo al Dios y Padre, en el nombre de nuestro Señor Jesucristo.
—EFESIOS 5:20, RV60

No lo digo porque tenga escasez, pues he aprendido a contentarme, cualquiera que sea mi situación. Sé vivir humildemente, y sé tener abundancia; en todo y por todo estoy enseñado, así para estar saciado como para tener hambre, así para tener abundancia como para padecer necesidad.
—FILIPENSES 4:11–12, RV60

Ricardo y yo siempre tuvimos pasión por la música. Era una de esas cosas en común que nos acercaron el uno al otro al conocernos. Nos encantaba compartir canciones nuevas o cantantes que oíamos en la radio o en la librería. Cuando éramos novios, hablábamos toda la noche acerca de aquellas cosas que nos fascinaban, y la música casi siempre dominaba la conversación. Nos sentíamos dueños del tiempo y hacíamos con él como nos placía.

Pero la vida comenzó a ponerse más ajetreada, y el tiempo tan valioso, que antes nos sobraba, ya no era suficiente para mantener un matrimonio joven a flote. La música que siempre nos unía, ahora se había convertido en punto de división, ya que él pasaba mucho tiempo en ensayos y preparaciones para los servicios dominicales. Pronto la comunicación entre Ricardo y yo comenzó a parecer calle de una sola vía. Me oía pero no me escuchaba. Él estaba enfocado en su mundo, aquel en el que todo corría a cien millas por hora, y yo me sentía atrapada en el mío, uno de rutina y aburrimiento. Mi autoestima tampoco ayudaba a la situación. Era algo que desde pequeña me había afectado, y me dejaba expuesta a malas decisiones.

Recuerdo un día que Ricardo llegó a la librería a buscarme. Andaba con prisa, como siempre, ya que estábamos tarde para ir a la iglesia. Yo me había arreglado el cabello de una manera nueva y esperaba alguna reacción o tal vez algún comentario de su parte cuando me viera. El cambio en mi pelo era drástico, y estaba segura que lo iba a notar, pero ni cuenta se dio.

Quizás para muchas esposas eso es algo común, y hasta se han acostumbrado, pero en ese instante, para mí, fue devastador. No entendía por qué, pero sé que me dejó triste y vacía.

Muchas cosas comenzaron a acumularse dentro de mi ser. La desilusión de no quedar embarazada, el estrés de las responsabilidades y rutinas cotidianas, y la falta de comunicación entre Ricardo y yo, estaban infiltrándose en mi corazón y afectando mis sentimientos, por lo que las repercusiones negativas eran palpables. Aunque reconozco, y hago la salvedad, que ninguna de estas circunstancias son excusas para pecar, pero sí son puertas que abrimos que el enemigo usa para ponernos en terreno peligroso.

Ahí me encontraba yo, frágil, frustrada y sin salida; atrapada en un mundo que ya no me agradaba. Había abandonado la oración, y mi relación con Dios había llegado a ser una pasajera y sin intimidad. Esto aumentaba el profundo vacío emocional y añadía duda a mi corazón hasta el punto de llegar a cuestionar si aún Él me podía escuchar.

Nuestras vidas estaban cambiando con rapidez y convirtiéndose en algo con lo que me sentía incómoda y desconectada. A Ricardo le apasionaba lo que hacía en la iglesia, pero yo no podía mantener el paso. Mis días en la tienda se hacían cada vez más largos, y lo que antes había sido un gozo, ahora se había convertido en una carga pesada. La librería era para compartirla entre los dos, pero la responsabilidad de atenderla había recaído mayormente sobre mí, y comencé a resentirla. Ya los problemas de los clientes, quienes acudían a mí para que les ayudara, me ahogaban. Empezamos a alejarnos el uno del otro, cada quien envuelto en su mundo, sin darnos cuenta del peligro que nos amenazaba por delante.

EL PECADO ES EXPUESTO

Hay un viejo proverbio en inglés que dice: "Una mente ociosa es el taller del diablo". Si no enfocas tu mente en algo productivo es fácil que los pensamientos pecaminosos llenen tu cabeza. Había perdido de vista lo que era importante, despreciando lo que tenía y buscando llenar el vacío de mi corazón y de mi mundo con lo que yo creía me faltaba.

Mi prioridad ya no era vivir una vida conforme al propósito de Dios, ni anhelaba atar mis pensamientos a su Palabra ni buscar su consejo en oración. Y ahí en ese lugar, estando lejos de Él, comenzaron los errores y las malas decisiones. Una de esas decisiones la tomé sin pensar, sin profundizar en las repercusiones que tendría, causando un efecto doloroso en todos los que me rodeaban. Me convertí en una pecadora sin analizar en lo que me estaba metiendo y en lo que iba a meter a Ricardo y a nuestra familia. El egoísmo me consumió, echando a un lado todo lo que me habían enseñado de lo que debería ser una mujer cristiana. Sencillamente creía que eso era lo que yo necesitaba en el momento para llenar aquel vacío que me agobiaba. Pensé tan solo en mí y nada más me importó. Rompí aquel pacto de amor y fidelidad eterna que le hice a Ricardo delante del Señor con corazón y devoción sincera cuatro años antes.

Al entrar en una relación fuera del matrimonio, anulé todos los planes y propósitos que Dios tenía para mí, y no podía sentirme más lejos de su gracia y amor. Pasé esos días en una nube de confusión y desesperación por lo que estaba haciendo y me sentía con deseos de terminarlo todo. Vivía atrapada en un hoyo sin fondo de pecado. Una mentira me llevaba a la otra, siempre tratando de estar un paso por delante del juego. ¡Esta no era una vida que valía la pena vivir! Se me dificultaba dormir y tenía pesadillas terribles, pero nada se igualaría a lo que me esperaba en los meses venideros.

Me era sumamente difícil comer, porque no podía retener el alimento, y comencé a perder peso. Cualquier gesto de Ricardo me hacía llorar en la ducha, en donde yo me refugiaba para que él no viera que me estaba ahogando de desesperación. Decidí apartarme de mi pecado, concentrarme en mi matrimonio y nunca ver a esta persona más. Al hacerlo sentí un alivio, pero el peso de mi pecado era insoportable y me torturaba como un cuchillo hundido en el pecho. La sensación de disgusto conmigo misma me era una carga constante.

Había elegido confiar lo que estaba pasando en mi vida a una amiga. Ella, por ser un asunto tan delicado y de posibles graves repercusiones, terminó contándoselo a su líder en la iglesia. Nunca se me olvidará el día que fui confrontada por él. Al entrar por la puerta de la librería pude ver la desilusión en sus ojos, y cuando me pidió que cerrara la tienda, mis temores fueron confirmados. Comencé a llorar, estando muy consciente de lo que había hecho. Sus palabras fueron fuertes y cortantes, como navajas abriendo mi corazón. Lo oculto había sido expuesto, y en plena luz no era nada bonito. Quería que la tierra se abriera y me tragara, ya que la vergüenza era insoportable.

Comenzó diciéndome: «Sé lo que has estado haciendo». Y sin vacilar, me dio dos opciones: «Se lo dices tú o se lo digo yo». Me dijo que tenía que llamar a mi mamá y decirle lo que había hecho, porque no tendría a nadie más a mi lado. En fin, estaba trazando una línea en la arena. Llamé a mi madre rápidamente y, con desesperación en mi voz, le dije todo lo ocurrido. Pude oír el dolor en su voz cuando me dijo: «No hay nada imposible para Dios. Pídele que te perdone y entonces pídele a Ricardo que te perdone. Yo sé que él te ama».

Llamé a una de mis empleadas que viniera a ocuparse de la tienda, ya que yo no dejaba de temblar y llorar, y salí corriendo hacia la casa de mi madre. Conduje, no sé ni cómo, rogándole a Dios, con cada kilómetro que pasaba, que mi padre no estuviera ahí. Para mi alivio, él no estaba. El abrazo de mi mamá fue desesperado y fuerte, y en ese momento entendí lo que siempre me había dicho: «El amor de una madre fluye profundamente en el alma. Siempre te voy a amar no importa lo que pase. Tú eres mi hija». De veras pensaba que no me quería ver jamás.

Ella insistía que buscara consejería y dirección antes de proceder con cualquier decisión final. Pero de igual manera me dijo que, aunque fuera difícil y doloroso, la confesión era la única manera de romper las ataduras del pecado. Me dijo que estaba segura, que con la ayuda de Dios, algún día yo podría levantar mi cabeza en alto.

La realidad fue cruel y angustiosa al darnos cuenta que mi pecado rápidamente me había convertido en algo indeseable y muy fácilmente desechable. Los títulos de amiga, hermana, sierva de Dios y esposa de Ricardo, ya no tenían valor ninguno en los corazones de aquellos pocos que hasta el momento se habían enterado de lo que había hecho. Nuestros intentos de encontrar alguna palabra de aliento y esperanza, algún consejo sabio y prudente, o tal vez un poco de luz que nos ayudara a salir de aquella pesadilla tan oscura, fueron en vano. El plan de salida que me había sido presentado en ese momento tan difícil de mi vida, no incluía la reconciliación ni la restauración; tampoco hablaba de perdón ni misericordia, ni mucho menos la posibilidad de comenzar de nuevo. Simplemente detallaba con certidumbre y claridad cuál sería mi destino final: lejos de Ricardo y de todo lo que había sido nuestro mundo.

Yo fui culpable de aquella destrucción; de manera necia e imprudente, había arrojado por el piso todo lo que por tantos años, y con tanto esfuerzo, Ricardo y yo habíamos logrado alcanzar. Cada voto hecho en el día de mi boda, prometiendo de alma y corazón, y con toda sinceridad nunca romper, quedaron en el suelo sin valor ninguno ante todas mis acciones. Mis palabras no valían nada, y con mil razones, todos tenían el derecho de dudar de mí. Estaba dañada, manchada, y si antes tenía la autoestima baja, ahora me sentía como basura. Esto me afectó profundamente, y la idea de quitarme la vida inundó cada fibra de mi ser, anidándose en mi corazón.

Mi madre y yo seguíamos suplicando, buscando que alguien nos diera dirección ante tan difícil encrucijada, pero cuando mirábamos alrededor, lo que veíamos eran piedras en las manos y lo que escuchábamos eran las tajantes palabras: «Vete a la casa, recoge tus cosas y dile que no lo amas».

Aquel día, con tantos pensamientos llenando mi cabeza, y mi corazón latiendo fuera de control, me desplomé delante de Dios buscando desesperadamente oír su voz y con ello algún consuelo para mi dolor. Abriendo mi corazón, lloré incontrolablemente y con profunda angustia y arrepentimiento, le pedí ¡que me perdonara! Pero su voz quedó en silencio, y mi corazón se iba desgarrando.

Las palabras y consejos que estaba recibiendo habían sido finales y sin esperanza, no eran aquellas palabras que tanto había leído en la Biblia o escuchado en las prédicas de mi padre cuando niña. ¿Qué de la mujer samaritana? ¿O de la oveja perdida? ¿Dónde estaba el amor del padre hacia aquel hijo pródigo? Había escuchado decir por tantos años que "Dios tenía la última palabra", pero no era lo que ahora me estaban presentando. Me sentía perdida en un mundo de pena y confusión. La mejor manera de describir mi situación en aquel instante era igual a la de un perro extraño, que después de ensuciar la alfombra, es expulsado y abandonado a su propia suerte.

CONFESIÓN DEL PECADO Y SUS CONSECUENCIAS

Siendo tan joven e ingenua, mi mente no podía comprender todo lo que estaba pasando. Fui todo el camino llorando y preguntándome con quién me iba a quedar, ¿quién me acogería? Me dio náuseas y tuve que bajarme del auto a vomitar. Ese viaje a la casa duró una eternidad y nunca había visto a mi mamá llorar tanto. De repente, se me ocurrió que también tendría que decírselo a mi papá y a mi hermano, los otros dos hombres en mi vida. ¿Cómo reaccionaría mi papá? ¿Me rechazaría? ¿Tendría un techo sobre mi cabeza esta noche? Y si no, ¿a dónde iría? No quería que los demás miembros de la familia lo supieran, ni ninguno de mis amigos que no eran cristianos. ¿Cómo me enfrentaría a la familia de Ricardo que había sido tan buena conmigo, a su madre que me había encomendado el corazón de su hijo? Mi mente estaba llena de muchos pensamientos.

Abrí la puerta mientras mi mamá conducía e intenté tirarme del auto, pero me agarró por el brazo y logró frenar a tiempo. Llorando juntas, al lado de la carretera, mi madre me suplicaba que no hiciera ninguna locura, que le diera una oportunidad a Dios. Pero en mi mente no había esperanza para mí. El temor y el pecado eclipsaban todo lo que me habían enseñado: que Dios es un Dios de perdón y restauración. Lo único que podía pensar era que yo era sucia y no deseada. El diablo es un mentiroso y su meta principal es la destrucción; destruir los sueños, los matrimonios y la misma vida. Te enreda en el pecado, y por un tiempo todo está bien, hasta que su verdadero propósito se revela.

Mi madre me llevó a mi casa. Ricardo ya estaba ahí esperando para ir al ensayo de la iglesia como hacíamos todos los días de la semana. Él no tenía idea de la tormenta que se avecinaba a su vida, ni del dolor tan profundo que rompería su corazón en mil pedazos. Nadie merecía lo que le tocaba sufrir esa noche.

Al bajarme del auto, mi mamá me preguntó si yo lo amaba. Nadie me había preguntado esto hasta ahora. Sabía indudablemente en mi corazón que sí. En ese momento, una vecina me saludó, una anciana que admiraba mucho nuestro matrimonio, y me pregunté: *¿Qué pensará de mí ahora?* Me detuve frente a la puerta de mi casa y me quedé mirando la cerradura. Podía sentir mi corazón latiendo en mis oídos. El temor me tenía paralizada, pero sabía que tenía que enfrentar esto.

Entré a la casa y recuerdo que veía todo como si lo estuviera viendo por primera vez. Es increíble como cuando se levanta el velo del pecado todo se ve tan claro. La casa que antes lucía aburrida y desgastada se había convertido en la mansión más bella que mis ojos pudieran ver. Aquellos muebles de segunda mano, la cocina antigua, cada simple decoración que Ricardo y yo habíamos comprado durante nuestro matrimonio, ahora eran invaluables. Todos cobraron vida para recordarme cuánto valor tenían y cómo por mis acciones lo había echado todo a la basura. Pero al final, lo más doloroso fue comprender que había desechado el regalo más precioso que una esposa puede tener: el amor de un hombre bueno y piadoso.

¿Qué había ido mal? ¿Qué había cambiado en mi corazón? Eran preguntas válidas para las que no tenía respuesta. Solo sentía un remordimiento profundo por el dolor que sabía iba a infligirle a mi esposo. Sabía que no querría tener nada que ver conmigo y que mi vida cambiaría drásticamente. Anhelaba mucho la misericordia, pero sabía que no la merecía. Lo único que podía hacer era tratar de memorizar nuestras fotos, juntos, que colgaban en nuestra pared, el olor particular que nuestro hogar tenía, y su voz que, al oírme entrar, gritó: «Mi amor, estoy en la oficina». Caminé hasta la puerta en donde se encontraba y lo vi sentado tranquilamente en su escritorio.

Me sentí enferma y comencé a temblar, pero tenía que proceder. Con voz temblorosa, le dije: «Tengo que hablar contigo de algo que hice». Le pedí que se sentara en el sofá y me arrodillé frente a él con ojos llenos de lágrimas y temor en mi corazón. Al fin pronuncié las palabras que jamás imaginé diría: «Te he sido infiel».

La Biblia dice en Proverbios 28:13: *"El que encubre sus pecados no prosperará; mas el que los confiesa y se aparta alcanzará misericordia"*. Pero ese día, la misericordia no me alcanzaría.

Su rostro pasó del dolor a la ira, mientras trataba de entender lo que le acababa de decir. Cuando comprendió todo, me miró y me dijo: «¡Dame tu cartera!». Obedecí, y procedió a sacar mis tarjetas de crédito y las del banco. Me dejó solo la tarjeta de la biblioteca y mi licencia de conducir. Me quedé sin apoyo económico, y aunque dolió, sentí que lo merecía. Mi dolor no tenía importancia en ese momento. El dolor y la agonía de Ricardo debido a mi traición superaban todo lo que yo podía estar sintiendo. En ese momento, mi corazón egoísta maduró y sabía que las cosas serían diferentes para mí.

Nunca había visto a nadie mostrar tanta ira y dolor a la misma vez en sus expresiones. Sus palabras fueron duras y directas, sin filtros ni compasión. Cuando terminó, se me acercó de rodillas y con lágrimas en sus ojos, me dijo: «¡Necesito que te vayas! Cuando yo regrese a casa, quiero que no estés aquí». Así que abrió la puerta para salir y yo corrí a rogarle que no se fuera. Le supliqué y grité pidiéndole perdón, pero su corazón con rapidez se había endurecido y enfriado hacia mí. Cuando salió de la casa, vi a sus amigos esperándolo para llevárselo.

Miré hacia la entrada buscando ver si había alguien más que viniera para hablar conmigo, pero me encontré sola. Aparte de mi madre, no llegó nadie para interceder por mí, a dejarme saber que todo iba a estar bien, que Dios podía hacer un milagro de restauración. En ese momento, me acordé que aún no se lo había dicho a mi padre, aquel hombre que me había criado en un hogar cristiano y me había enseñado a honrar a Dios en todo lo que hacía. Aún me quedaba una larga noche por delante.

Vi a Ricardo entrar al auto con sus amigos e irse. Caí de rodillas en el portal gritando del dolor. ¡No quería vivir! Le rogué a Dios que me dejara sentir algún alivio, porque el dolor en mi corazón y el peso de mi pecado eran tan insoportables que no podía ni respirar. Contemplé quitarme la vida una vez más, y recordé el veneno de ratas que habíamos comprado un tiempo atrás. Mi desesperación era enorme, y solo quería aliviar aquel dolor insoportable. Aguanté la caja en las manos y le pedí a Dios que me perdonara. También le hablé a Ricardo dondequiera que estuviera, y le dije: «Te amo con todo mi corazón. Oro que algún día me perdones».

En ese momento, mi mamá, quien tenía llave de nuestra casa, entró. Cuando vio la caja en mis manos comenzó a gritar y llorar. Se tiró de rodillas en el suelo junto a mí y comenzó a decirme lo que yo significaba para ella y cuánto Dios me amaba. Me dijo entre lágrimas que Él tenía un propósito para mi vida, pero esto me era difícil de ver o creer.

Al contemplar la agonía que le estaba causando a mi madre, decidí reunir las pocas fuerzas que me quedaban y, soltando la caja de veneno, comencé a empacar todas mis pertenencias. Fue una de las cosas más difíciles que he tenido que hacer en mi vida; eso y encontrar la fuerza de voluntad para seguir viviendo. Salí de mi casa con todo mi mundo y mi corazón hecho pedazos en bolsas de basura. En silencio, le pedí a Dios que me dejara regresar algún día.

CAPÍTULO 3

PALABRAS

por Susana Rodríguez

"Palabras que digan lo siento
Palabras de arrepentimiento
Palabras para demostrarte que me equivoqué
Palabras de lo más profundo
Que lleguen hasta el fin del mundo
No importa si hay que repetir-
las una y otra vez... perdón".

L A CASA DE mis padres estaba a solo cinco minutos de la nuestra, y al acercarnos, mi madre me dijo: «Deja tus cosas en el auto hasta que hablemos con tu papá». Era obvio que tenía miedo a su reacción. Yo también. Al entrar por la puerta de su casa, sentía un gran peso sobre mis hombros. Lo vi sentado en su silla favorita, y con el corazón en la mano, me acerqué a él y me senté cabizbaja a su lado. Rápido me preguntó por Ricardo, y de nuevo comencé a llorar. Con un nudo en la garganta y una vergüenza paralizante, le dije las palabras que jamás él pensaba escuchar de mis labios: *«Papi, le fui infiel y me echó de la casa».*

Allí, una vez más, en tan solo un espacio de horas, experimenté lo que era herir a un ser querido con palabras desastrosas. Mi padre me rogaba que le dijera que tan solo era una broma de mal gusto, que no era verdad y que todo estaría bien, pero esa pesadilla no se podía evitar. La cruel realidad del pecado había dejado otra víctima en su rastro. Mi padre, herido y angustiado, no podía entender lo que estaba sucediendo, y poniendo su cabeza entre sus manos, se echó de rodillas y comenzó a orar. Pocas veces he visto a mi padre llorar así, y me partió el alma. Al pasar un breve tiempo, me hizo la gran pregunta para la cual yo no tenía repuesta: «¿Cómo pudiste hacerle eso a Ricardo que tanto te ha querido?».

No sabía qué decirle. Sus palabras fueron como puñaladas en mi corazón, y me dejaron sin ganas de vivir. No había cómo consolarlo, y mientras más asimilaba lo acontecido, más se enojaba. «¿Cómo pudiste hacerle eso a nuestra familia?», preguntaba con dolor y confusión. «¿Qué dirán nuestros amigos? ¿Cómo vamos a enfrentar a la mamá y la abuela de Ricardo?» Sentada en el sillón, con lágrimas en mis ojos, me sentía cada vez más pequeña con cada pregunta que él me hacía. No pude aguantar más, y levantando mi cabeza, miré hacia la puerta de la casa y salí corriendo. Quería desaparecer, pero ¿a dónde iría? No tenía dinero ni transportación. No podía llamar a nadie por miedo a lo que dirían; así que regresé a casa de mis padres y me encerré en una de las habitaciones.

LA NOCHE MÁS OSCURA
DE MI VIDA

Mi vida había sido una bendecida; tenía casa, auto, negocio y una cuenta bancaria. Ahora, todo había desparecido en menos de un instante, y esa triste y amarga realidad me cayó encima como un balde de agua fría. Encerrada en esa habitación anhelaba solo un poco de silencio y poder esconderme por un instante de lo que sabía que me esperaba. Necesitaba escuchar la voz de Dios. Le rogué que me diera una señal divina de que todo iba a estar bien, y que yo sobreviviría la noche, ya que cada minuto que pasaba, mi mente contemplaba una y otra manera de terminar con mi vida.

En ese momento, sentada en el piso de la habitación, pude oír la conversación de mis padres al otro lado de la puerta. Mi padre había decidido salir a encontrarse con Ricardo para intentar convencerlo de que me perdonara y me diera otra oportunidad. Él estaba desesperado. Escuché cuando le dijo a mi madre que hacía unas semanas atrás, una joven de la iglesia había sido confrontada con la prueba de adulterio y él la había amonestado con palabras fuertes y sin compasión. Ahora aquí, se encontraba con una hija que era igual que ella: «¡Una pecadora, adúltera! ¿Qué dirá la gente?».

Mi madre le gritó: «¡Cállate! ¿No sabes que lo que la gente diga no importa? Lo que importa es tenerla viva. Ella no quiere vivir, no tiene valor de sí misma, y temo que vayamos a perder a nuestra hija. Tenemos que ayudarla a sobrevivir esto, porque no tiene a nadie más a su lado, sino a nosotros». Al escuchar estas palabras, me hundía cada vez más en depresión. Sentía que mi cuerpo se estaba apagando lentamente, y comencé a verme y sentirme fuera de mí misma. Lo que veía era a una mujer patética en posición fetal que no era digna ni de lástima. Me escondí debajo de la cama y comencé a llorar desconsoladamente. *¿Qué sería de mí? ¿Quién era? ¿Podría Dios amarme todavía? ¿Por qué herí al hombre a quien amaba? ¿Sería posible lograr algún día su perdón?*

Esa noche fue eterna. Lloré y grité en mi almohada en aquel piso duro y frío debajo de la cama hasta la madrugada. ¿Por qué debajo de la cama? Porque era el lugar que yo merecía. No me sentía digna de estar en un lugar cómodo, de sentir una cama suave cuando yo había causado tanto dolor. Solo podía pensar en la cara de Ricardo, llena de disgusto y tanta rabia, mientras se alejaba de nuestra casa y se subía al auto. Me odiaba y jamás querría saber de mí, aquella esposa que él había escogido cuatro años atrás y a quien le había prometido nunca abandonar, tanto en las buenas como en las malas, en enfermedad y salud, hasta que la muerte los separe. Sin embargo, yo rompí aquel pacto y todo lo sagrado de nuestro matrimonio con una horrible decisión. Fue un acto egoísta que destruyó todo lo bello que teníamos. Todo en la vida tiene sus consecuencias, y esta amarga pastilla era mía para tragar. Así que, el piso y yo nos hicimos uno. El lugar más bajo para la persona más sucia que estaba hecha pedazos.

Mi madre me tocaba la puerta insistentemente, pero yo no le abría. No quería comer ni beber, aun eso me parecía demasiado para mí. Me rogaba que no hiciera nada drástico y la escuché pidiéndole a Dios que me confortara. Pero no había aliento para mí esa noche, ni tampoco palabras de Dios en mi tiempo de angustia y dolor. Solo un silencio que desvanecía mi alma y me reafirmaba que esta crisis que yo había creado la tendría que enfrentar sola.

Vi la puesta del sol y su salida desde debajo de esa cama. Cuando salí a usar el baño esperaba que mi padre me abrazara, así como un niño anhela ese regalo que ha estado pidiendo todo el año para la Navidad. Pero no se dio. El silencio de mi padre y las súplicas de mi madre para que comiera algo fueron demasiado para mi frágil corazón.

PALABRAS DE SANIDAD
Y RESTAURACIÓN

Mi madre, siguiendo un consejo que le dieron, me envió a quedarme con una amiga de la secundaria, quien estaba en la universidad, a unas seis horas de distancia más al norte. Allí continuó mi llanto y mi silencio. No comía y me refugié en la oscuridad toda esa larga semana que estuve ahí. Al fin, mi amiga, temiendo por mi vida, le pidió a mi madre que me recibiera de nuevo, porque temía que no sobreviviera y, sin duda, no sabía cómo ayudarme. Yo era un alma perdida, y me movían de un lado para otro como un yoyo. Nadie sabía qué hacer conmigo.

Cuando regresé a la casa de mi madre, fui directo a la habitación a esconderme debajo de la cama. Los días y las noches se me juntaron. Perdí el concepto del tiempo, repasando en mi cabeza todo lo que había hecho. Me inundaban aquellas palabras dolorosas dichas por aquellos que antes me amaban y que ahora tan fácilmente me habían dado la espalda. Ninguna amiga me llamó. Ninguno de nuestro círculo de amigos me visitó, ni siquiera para preguntarme por qué lo había hecho. Fue como si yo hubiera dejado de existir. Este fue un tiempo muy solitario para mí. No me atrevía a preguntarle a mi madre si Ricardo me había llamado, porque sabía cuál sería la respuesta.

Un día ella me pasó una nota debajo de la puerta para decirme que se iba al doctor y que yo necesitaba comer algo. Para este tiempo, mi estómago se había reducido y los dolores de cabeza que sentía por no comer eran fuertes. Salí del cuarto creyendo que no había nadie ahí.

Al entrar a la cocina, vi a mi padre sentado en la mesa leyendo la Biblia. Mis ojos estaban hinchados de llorar toda la noche sin dormir, mi espalda magullada de dormir en el piso y mi pelo lleno de nudos. Él estaba sorprendido por mi apariencia. Yo ya no era algo agradable de ver, sino un recordatorio severo de lo que el pecado hace en una vida. Me pidió que me sentara y comenzó a orar por mí. Sus palabras se convirtieron en lenguas celestiales que yo no podía entender, pero podía ver muchas lágrimas corriendo por su cara. Sabía que Dios estaba ahí, porque me sentía diferente. Sentía calor, y aunque no entendía lo que mi padre decía, sabía que esas palabras eran para mí. Él dijo:

> *Por tanto, así dijo Jehová: Si te convirtieres, yo te restauraré, y delante de mí estarás; y si entresacares lo precioso de lo vil, serás como mi boca. Conviértanse ellos a ti, y tú no te conviertas a ellos. Y te pondré en este pueblo por muro fortificado de bronce, y pelearán contra ti, pero no te vencerán; porque yo estoy contigo para guardarte y para defenderte, dice Jehová.*
>
> —JEREMÍAS 15:19–20, RV60

Me dijo: «Mi hija, soy tu padre quien te ama no importa lo que hayas hecho. Deja el pecado y yo te restauraré». Estas eran las palabras que yo había anhelado oír. Venían de la fuente más inesperada, mi padre terrenal, que estaba tan bravo y herido que ni siquiera me podía mirar.

No hay palabras que puedan describir cómo me sentí en ese momento. Solo puedo decir que fue como si estuviera en lo profundo del mar en plena tormenta y alguien me hubiera tirado un salvavidas para rescatarme. *¿Podría ser real? ¿Estaba soñando? ¿Sería que mi mente me estaba engañando después de no haber comido por tantos días? ¿Me estaba diciendo mi Padre celestial por medio de mi padre terrenal que ÉL ME AMABA? Después de todo lo que yo había hecho, ¿había aún una oportunidad para mí?*

Mi padre abrió los ojos y me abrazó. El abrazo más dulce que jamás había experimentado vino de mi papi. Me dijo: «Mi hija, la Biblia está llena de hombres y mujeres e incluso reyes que pecaron, pero se volvieron del pecado y Dios los restauró».

«La Biblia habla del rey Manasés, quien a los doce años heredó el reino de su padre Ezequías y reinó por cincuenta y cinco años. Parte de esos cincuenta y cinco años fue haciendo pura maldad. Segunda de Crónicas 33:9–13 (RV60) dice:

> *Manasés, pues, hizo extraviarse a Judá y a los moradores de Jerusalén, para hacer más mal que las naciones que Jehová destruyó delante de los hijos de Israel. Y habló Jehová a Manasés y a su pueblo, mas ellos no escucharon; por lo cual Jehová trajo contra ellos los generales del ejército del rey de los asirios, los cuales aprisionaron con grillos a Manasés, y atado con cadenas lo llevaron a Babilonia. Mas luego que fue puesto en angustias, oró a Jehová su Dios, humillado grandemente en la presencia del Dios de sus padres. Y habiendo orado a él, fue atendido; pues Dios oyó su oración y lo restauró a Jerusalén, a su reino. Entonces reconoció Manasés que Jehová era Dios.*

Mi padre continuó hablando estas palabras que estaban comunicando vida a mi mente y a mi alma agotada. Necesitaba ese maná de lo alto.

«El rey Manasés representaba todo lo que era malo y le airaba a Dios, desobedeciendo de continuo a sus mandamientos. Sacrificó a sus hijos y causó mucho dolor. Cuando al fin fue capturado, estando en angustia, él oró ante Jehová su Dios. Orar aquí significa pedir algo formal y ansiosamente. Estoy seguro que le suplicó a Dios con la última gota de fuerza que tenía».

¡Así yo me sentía! ¡Yo necesitaba esa oración de súplica al Señor! Necesitaba que Dios me oyera y viera mi corazón contrito. Dios pudo perdonar al rey Manasés y todo lo malo que había hecho, hasta el punto de restaurarlo. La

Biblia dice que lo restauró a su reino. Al leer esto, mi corazón se llenó de ESPERANZA; esperanza de que algún día yo también pudiera verme restaurada a mi pequeño reino; de que los oídos y el corazón de mi Padre celestial pudieran moverse por mis oraciones humildes y restaurarme a lo que había perdido por mi pecado.

«¿Cómo es que Dios no te va a perdonar?». Mi padre me dijo: «¿Cómo es que yo no voy a perdonar a mi única hija? Yo estoy aquí para ayudar a restaurarte a una vida plena en Cristo, como la que Cristo quería que tuvieras». Entonces comenzó a desglosar y explicar el versículo que Dios me había dado. Lo recibí todo y recordé el primer versículo que había memorizado cuando niña:

> Como el ciervo brama por las corrientes de las
> aguas,
> Así clama por ti, oh Dios, el alma mía.
> Mi alma tiene sed de Dios, del Dios vivo;
> ¿Cuándo vendré, y me presentaré delante de Dios?
> Fueron mis lágrimas mi pan de día y de noche,
> Mientras me dicen todos los días: ¿Dónde está tu
> Dios?
>
> —SALMO 42:1–3, RV60

Ahí estaba, con sus palabras delante de mí y mi padre dispuesto a explicármelas con amor. Ese era el Dios que conocía mi nombre antes de yo nacer, el Dios de mi niñez. Aquel que me vio casarme y después fallarle, pero aun así me amaba sin condiciones. Él todavía amaba a Susana.

Después de tener esa conversación con mi padre acerca de las palabras de Dios, sentí hambre y comí un poco. Me retiré a mi cuarto, y por primera vez en varias semanas, dormí en la cama. Me dormí repitiendo Jeremías 15:19–20 en mi mente. Estaba cansada, pero mi corazón tenía ganas de conocer más acerca del Dios que servía, pero, en realidad, no conocía.

"NO PIERDAS LA ESPERANZA"

Es importante entender, y no puedo enfatizar lo suficiente, cuán grande es el amor de Dios. No importa hasta qué punto el pecado, o la naturaleza de ese pecado, te ha llevado, Dios siempre te perdonará y restaurará, cuando hay un corazón realmente contrito y arrepentido. Yo necesitaba oír que no había pecado que me separara del AMOR de Dios. Que nuestro Dios es un Padre amoroso que estaba dispuesto y era capaz de perdonarme.

Varios días más tarde, recibí una llamada de Rachel, la prima de Ricardo. Ella y yo habíamos tenido una relación estrecha y estaba muy preocupada por mí, pero temía llamarme o comunicarse conmigo, o si debía involucrarse, ya que Ricardo estaba muy enojado y ella era su pariente. Aun así, se arriesgó y me llamó. Recuerdo la voz alegre de mi mamá cuando me tocó la puerta y me dijo que Rachel estaba en el teléfono para mí. Acepté la llamada y la saludé. Me preguntó cómo estaba y yo solo suspiré. Ella sabía que esto no había sido fácil para mí. Me preguntó si todavía amaba a Ricardo. Le dije que sí, y ella respondió que no había nada imposible para Dios. «No pierdas la esperanza, aunque te parezca que no la hay. Estoy orando por ti».

Le pregunté cómo estaba Ricardo, ya que no había sabido de él en varias semanas. Me dijo que no estaba bien, que no comía, y que permanecía muy herido y enojado. Ella no podía creer que ninguna de nuestras amistades me había venido a ver. Pero estaba feliz de que yo había aceptado su llamada, y me dijo que pronto me llamaría otra vez. Colgué con el corazón cargado, pero a la vez alegre de que alguien se había acordado de mí.

Más tarde, mi papá y yo nos sentamos a leer la Biblia juntos como habíamos comenzado a hacer todos los días. Me gustaría poder decir que milagrosamente mi estado emocional había cambiado y me sentía mejor, pero era una lucha diaria. Estábamos sentados en la mesa leyendo, cuando alguien tocó a la puerta. Era uno de los amigos de Ricardo, y me sentí un poco feliz de ver que había venido a visitarme. Cuando se sentó a la mesa, me preguntó cómo estaba, y antes de terminar de responderle, me dijo rápidamente: «Susi, estoy aquí para entregarte los papeles de divorcio. Por favor, fírmalos y no hagas que esto sea más difícil de lo que es para Ricardo».

Yo sabía que Ricardo quería divorciarse de mí, porque me dijo que nunca más quería volver a verme, pero no me imaginé que pasara tan rápido, ni esperaba que enviara a su amigo, a nuestro amigo, para servirme con los papeles de divorcio. Corrí a mi cuarto y me escondí debajo de la cama. Lloré y oré sabiendo que él estaba esperando por mi firma allá afuera. ¿Qué debía hacer? Le dije a Dios: «¡Me he apartado del pecado, Señor! ¡He pedido tu perdón! ¡Por favor, Dios, por favor! ¿Qué debo hacer?». Los papeles decían que yo estaba cediendo todo. Cedía todo aquello por lo que había trabajado tanto durante nuestro matrimonio. Me quedaría sin nada: sin casa, sin auto, sin negocio, y más que nada, sin Ricardo. Cerré mis ojos y dije: «Señor, ¿estás ahí?».

De pronto, vino a mi mente una vez más Jeremías 15:19–20 y sentí una paz que me sobrecogió. En ese momento, supe en mi corazón que Dios me restauraría todo lo que el enemigo me había robado. También sabía que sería una labor ardua recuperarlo, pero no estaba sola.

Salí de la habitación y me dirigí hasta donde estaba esperando nuestro amigo, un tanto impaciente. Dije para mis adentros: «*Confío en ti, Señor*». Entonces entregué con mi firma todo lo que había sido nuestro y me quedé sin nada más que la ropa que todavía estaba en bolsas de basura. Regresé al cuarto y me arrodillé en el suelo, y grité: «¡Jesús, te necesito! ¡No te olvides de mí! Yo sé que estoy rota, pero tú puedes restaurarme. Quizás no valga mucho, pero todavía estoy dispuesta a hacer lo que tú me pidas. Jesús, no te olvides de mí…».

Habían pasado algunos días después de firmar los papeles de divorcio, cuando recibí otra visita. Esta vez era un amigo que trabajaba con los jóvenes en la iglesia. Se sentó en la sala de mis padres conmigo y me preguntó cómo estaba. Me dijo que él y su esposa estaban orando por mí. Esto me hizo mucho bien, ya que no tenía a nadie con quién hablar, aparte de mis padres. Me contó que sus padres habían sufrido la infidelidad y conocía bien el dolor que trae a la familia. Me habló palabras de esperanza y aliento, y pude sentir su preocupación sincera por mí. Quizás nunca sabrá lo mucho que esto significó para mí.

FORTALEZA EN SU PALABRA Y LA ORACIÓN

La casa de Ricardo estaba muy cerca de la de mi mamá y yo había comenzado a conducir con mi madre tarde en la noche para orar por mi hogar y por el corazón de Ricardo. Este fue solo el comienzo de muchos y muchos momentos de guerra espiritual en el auto de mis padres. Había comenzado a levantar guerra contra todo lo que me mantenía separada de mi hogar y de Ricardo.

Oraba día y noche. Me salieron callos en las rodillas y no me importaba. ¡Tenía una meta y poseía las promesas de Dios!

Su Palabra comenzó a sostenerme y era lo único que deseaba junto con estar en su presencia. Despertaba muy temprano, al amanecer, para buscar el rostro y la fuerza de Dios. Continuamente escuchaba música de adoración en mi habitación. Tenía un disco compacto que estaba puesto para repetir y volvía locos a mis padres, pero entendían que lo necesitaba para pasar el día. Necesitaba que todo fuera positivo alrededor de mí todo el tiempo. Estaba muy frágil en mi espíritu, mente y cuerpo, y si no estaba en su presencia y de rodillas, me asustaba. Cualquier noticia, por pequeña que fuera, me podía tumbar.

La abogada que Ricardo usó me envió unos papeles y ahí estaba la fecha para la corte y el fin de nuestro matrimonio legal. El día llegó, y como siempre, me desperté temprano para tener mi momento de comunión con Dios. Me preparé y salí con mi mamá al centro de la ciudad donde estaba la corte. Nos perdimos un poco y fue difícil estacionar, por lo que llegamos un poco tarde. Entré y vi a Ricardo en el elevador por primera vez en mucho tiempo. Mi corazón comenzó a latir fuerte. Quería correr hacia él y abrazarlo. Se veía muy delgado, diferente. Ahí estaba junto a su abogada, el hombre que yo amaba, el hombre con el que había compartido muchas risas y lágrimas, el hombre cuyo corazón yo había despedazado. Su abogada se viró y le dijo: «No tienes que hablar con ella, ni la mires».

Sus palabras fueron tan frías y rudas, y pensé: *Esta mujer ni siquiera me conoce.* Él salió del elevador y me dijo: «¿Por qué estás aquí? ¡No tenías que venir! No estás disputando nada. No tenías que venir». Pero yo nunca recibí èse mensaje de la oficina de la abogada. Fue un momento muy doloroso y humillante que no tenía que haber ocurrido, pero los planes de Dios no son los nuestros. Le pedí disculpas, di media vuelta y bajé los escalones de la corte con lágrimas bañando mi rostro. Quería gritar por el dolor inmenso que sentía, pero le susurré a Dios: «Sé que estás conmigo y confío en ti, Señor».

Mi vida de oración me iba fortaleciendo y sentía a Jesús junto a mí cada instante. Diariamente comencé a visitar un parque con mi papá, intentando caminar un poco, ya que las rodillas me dolían mucho debido al tiempo que pasaba arrodillada en oración. Al principio caminaba un kilómetro y medio al día, que luego se convirtieron en tres kilómetros, y más adelante fueron seis. Mi padre siempre se sentaba debajo de un árbol y me observaba caminando y hablando con mi amigo Jesús. Me hacía mucho bien salir y ver el sol, los árboles y toda la hermosa creación de Dios que había en ese parque. Disfrutaba esas caminatas cada día con mi compañero constante que nunca estaba lejos, viéndome caminar.

EL DÍA DE SU CUMPLEAÑOS

El cumpleaños de Ricardo se acercaba y quería darle algo especial, pero no tenía dinero; así que decidí prepararle unas galletitas. El día de su cumpleaños las envolví en una pequeña caja la cual decoré con un lazo azul. Busqué en mis bolsas de basura algo decente de vestir y decidí arreglarme el pelo de una manera diferente, ya que hacía mucho tiempo que no había hecho nada para tratar de lucir bonita. Le pedí a mi madre que me llevara a su casa y que esperara en el auto. Conseguí el valor para caminar hasta la puerta, en vez de hacerlo de lejos como había hecho tantas veces de noche con mi mamá, orando y declarando sanidad para el corazón de Ricardo y la restauración de nuestro matrimonio.

Llegué a la puerta y encontré ahí, por lo menos, seis regalos envueltos perfectamente en cajas pequeñas y grandes. Para mi sorpresa, una de las etiquetas decía: Para Ricardo, mi cantante favorito. Era de una amiga mía que asistía a mi iglesia, y al leer las demás, vi que todos los regalos eran de otras chicas de la iglesia. Me sentí enojada, pero sobre todo herida. Ahí estaban, las muchachas que yo había creído que eran mis amigas, de quienes yo había esperado y esperado con mucha paciencia que me llamaran o vinieran a verme en el momento más bajo de mi vida. Pero ellas nunca llegaron. Con rapidez estaban formando una línea para tratar de conquistar el corazón de Ricardo. No les importaba que estaba hecho pedazos, ni mucho menos que el mío estaba triturado. Pero después de todo, cómo podía estar brava si yo fui la que rompió su corazón y por causa de mi pecado lo había dejado libre para hacer lo que quisiera. No tenía nada que opinar en el asunto. Había perdido el derecho.

Toqué a la puerta con temor, por lo que me diría. ¿Serían palabras airadas repletas de disgusto? ¿Podría pararme ahí y aceptarlas? El temor fue demasiado para mí, y dejé la cajita junto a las otras cajas maravillosas y me fui caminando. Cuando llegué a la cerca, él abrió la puerta y dijo:

—¿Qué hay?

—Solo quería desearte un feliz cumpleaños, y darte esta cajita de galletitas que te preparé —contesté dando la vuelta hacia él.

Miró la caja y me miró a mí, y puso los ojos en blanco. Estaba disgustado y no lo podía ocultar. Mi corazón decayó.

—No te molestaré más. Solo quería darte algo en este día especial.

De repente pensé: ¿*Por qué es tan especial*? ¿Cómo se me ocurría desearle un cumpleaños feliz si yo era la razón de que fuera uno tan triste? Era por mi culpa que él estaba adolorido. Y mirándolo a sus ojos, vi un destello de ese dolor. Era muy aparente y me sentí como una tonta parada ahí entre los globos, las flores y los regalos que le habían dejado en la puerta. Di la vuelta para irme y me preguntó:

—¿Cómo estás?

—Más o menos bien —le contesté.

—Me luces muy flaca y diferente.

—Sí —le respondí—, tú también.

No pude contener más las lágrimas y tuve que alejarme. Cerró la puerta rápidamente y ya no estaba ahí.

¿Cómo pude haber llegado a un punto tan bajo de perder a este hombre que me amaba? ¿Cómo no valorar lo que teníamos juntos, una amistad tan singular? Teníamos muchísimo en común y disfrutábamos nuestro tiempo juntos. Habíamos soñado de tener dos hijos y los nombres que les daríamos. Soñábamos de todos los lugares que algún día visitaríamos y sobre todo hablábamos de envejecer juntos. No iba a haber nada ni nadie que nos separara.

TORBELLINO FAMILIAR

Mi papá notó cómo esa visita para ver a Ricardo me había hecho retroceder, cómo me había herido por dentro aún más, y entendió que él y mi mamá tenían que apoyarme, porque no me quedaban fuerzas. No me dejaron. Orábamos juntos, leíamos la Biblia juntos. Mamá, con todo su amor, preparaba mis comidas favoritas, pero solo podía comer un poquito antes de sentir malestar. Yo sabía que tenía que poner de mi parte si iba a pelear esta batalla, pero todo me parecía cuesta arriba. Traté de ser más positiva alrededor de ellos, porque podía ver cómo les estaba afectando. Ambos con sus propias vidas que vivir, y a la misma vez teniendo que arrastrar el peso de mis errores; no era nada fácil. En medio de todo, yo seguía luchando por encontrar el descanso, pero mi mente no me dejaba. Me agobiaban las mismas preguntas y acusaciones una y otra vez: «¿Cómo pudiste hacer esto? Mira el desastre que has causado... Eres una pecadora».

Parecía que estas palabras me perseguían y siempre me sumían en una espiral de angustia y desesperación, de vuelta a ese lugar en mi cuarto donde me sentaba y me quedaba mirando por la ventana. No importaba cuántas veces le dijera a Ricardo o a mi familia que lo sentía, nunca sería suficiente para compensar todo lo que había hecho. Me di cuenta que requeriría más que simples palabras para ganar de nuevo su confianza y su amor. Tendría que mostrarles lo arrepentida que estaba, viviendo una vida digna de una segunda oportunidad. No había garantías, ni promesas de reconciliación, pero sabía que no había nada imposible para Dios.

CAPÍTULO 4

DIOS NO FALLA

por Ricardo Rodríguez

"Dios no falla, Dios no falla, Dios no falla
Sigue adelante no te rindas, ya verás
Que todo ha sido parte de un proceso
Que el tiempo de la prueba pasará
Y aunque hoy no puedas entenderlo
Él no se equivoca y tiene un plan"...

Y ASÍ TERMINÓ TODO. Como una bomba atómica que sin alarma, sin anuncios cayó sobre nuestra casa, destruyendo en segundos todo lo que por años habíamos construido. Aquel sueño de hadas que habíamos estado viviendo se convirtió en un instante en polvo y cenizas y en una terrible pesadilla. Todo lo que valoraba y de lo cual me sentía orgulloso se convirtió en la vergüenza más grande de mi vida.

¿Quién era esta mujer que estaba arrodillada delante de mí pidiéndome perdón? No la conocía. Las cosas que me estaba diciendo no podían ser reales, pensaba yo. Mi físico comenzó a cambiar, mi estómago a dar vueltas, me sentí enfermo al oír esas palabras que jamás pensaba escuchar. Quisiera decirles que mi reacción fue una de buen cristiano, que la abracé y le dije que todo iba a estar bien, que la perdonaba y que mi actitud fue una de carácter compasivo, lleno de amor y misericordia. Pero, en verdad, en ese momento, por mucho que luché por contener mi rabia, era demasiado para mí. Le di rienda suelta a la furia y el enojo. Se desató dentro de mí una ira que jamás había sentido, y tuve que armarme de toda la fuerza de voluntad propia que pude encontrar para no agredirla físicamente. Ahora sí, mis palabras no tuvieron misericordia, y con ellas le di con todo lo que tenía para herirla verbal y emocionalmente. Mi deseo en ese momento era hacerla sentir igual o peor de lo que ella me había hecho sentir a mí con su pecado. Con desprecio y humillación, con palabras que se guardan solo para los peores de tus enemigos, aquellas personas que detestas y deseas que desaparezcan de la faz de la tierra, así fue como yo le hablé.

Ella seguía insistiendo de rodillas y con lágrimas corriendo por sus mejillas que la perdonara. Una y otra vez me decía las mismas palabras: "Perdóname, perdóname", pero yo no quería saber nada del perdón y mucho menos perdonarla a ella en ese momento.

LAS CRISIS DE LA VIDA
REVELAN TU CARÁCTER

Yo pensaba que era un hombre bueno, y mirando hacia atrás creo que lo era. Servía a Dios con un corazón sincero en la iglesia, me consideraba un buen amigo, un hijo ejemplar y un esposo fiel. Tenía todas las cualidades para triunfar en la vida y ser feliz. Así que las palabras que mi esposa estaba pronunciando en ese instante no tenían ningún sentido para mí. ¿Cómo podía ser que esto me estaba sucediendo? Siempre había sido fuerte de carácter y sin miedo a las circunstancias y problemas difíciles que pudiera enfrentar en la vida. Había construido un refugio autosuficiente en el cual yo tenía todo fríamente calculado y vivía sin miedo ninguno. Pensaba saberlas todas y que jamás nadie me pondría de rodillas.

Pero los incendios de la vida separan el oro del metal, y me di cuenta en ese momento que yo estaba hecho completamente de lata. Pude ver rápidamente que no tenía control de nada. Ni de las acciones de mi esposa, ni de todas las reacciones de aquellos que pronto se enterarían, y mucho menos de mis propias emociones. Fue triste reconocer que estas mismas emociones que tanto había escondido ahora también estaban expuestas como todo lo demás a mi alrededor, y me estaban traicionando. Aprendí que las crisis de la vida revelan tu carácter. Yo había fingido muy bien el ser un hombre de fe, aquel cuya confianza en Dios no tenía rival y quien estaba dispuesto a enfrentar cualquier tormenta que la vida le enviara sin ningún temor. Siempre daba buenos consejos a mis amigos reflejando un carácter envidiable y ejemplar. Oh, pero cómo cambia todo cuando te toca a ti caminar por el fuego. D. L. Moody dijo: "El carácter es lo que somos en medio de la obscuridad, cuando nadie nos está mirando".[1]

Por ejemplo, ¿en qué instante se reflejó el carácter de Daniel? Fue en aquel momento cuando decidió no contaminarse con la comida y el vino del rey aunque le costara su vida. Fue allí cuando estuvo en el foso de los leones enfrentando la misma muerte y fue librado. En esos momentos decisivos, su verdadero carácter fue revelado. De igual manera, Abraham, Moisés, José, David, Pedro y Pablo, todos estos grandes hombres de Dios, encontraron su lugar en la historia de nuestra fe, porque en los momentos de crisis, cuando fácilmente podían haberlo negado todo, o dar la espalda o simplemente quedarse callados, revelaron su verdadero carácter y dieron testimonio de fidelidad, confianza y fe en un Dios de poder. Tu carácter se revela cuando eres confrontado por situaciones que te llevan más allá de tus límites, de tu capacidad de soportar y comprender. La verdad sobre quién eres se demuestra en las circunstancias imposibles, dolorosas e incomprensibles de la vida. Son los exámenes que te definen y te desenmascaran.

¿Cuál es el carácter que el cristiano debe demostrar? Aquel que aun en medio de la crisis y la tormenta, su fe no disminuye. Aquel cuyo mensaje sigue siendo el mismo, porque lo vive. Aquel que enfrenta cualquier situación sin temor ni duda, con la cabeza en alto, porque no confía en sus propias fuerzas ni capacidades, sino que está parado firme en la roca que es Cristo Jesús. Por eso, si quieres ser una persona de carácter ¡tienes que alinear tus palabras con tus acciones! Ser elocuente, un excelente cantante, gran maestro o músico talentoso, son algunos de los muchos atributos que, aunque sean buenos, si no hay carácter en la persona, pueden causar muchos problemas en la vida. Nunca debemos de olvidar que todos estos dones son dados por Dios para su gloria, y aunque tengan grandes beneficios personales, si no van a la par con el carácter de Cristo, fácilmente llegamos a ser "metal que resuena y címbalo que retiñe". El problema está en que, muchas veces, estos dones nos ponen en posiciones de autoridad aun cuando nuestro carácter está carente de autoridad.

Como líderes, nos equivocamos cuando empezamos a creer todo lo que los demás dicen de nosotros poniéndolo así como un hecho. "Eres lo máximo", "eres indispensable", "nadie es tan bueno como tú"; son palabras que nos elevan a una falsa sensación de autoridad e importancia. Entiendo ahora la necesidad de ser procesados con el fin de ponernos al frente del espejo y vernos realmente como somos: frágiles, débiles y sin aquellas características necesarias para ser usados por Dios.

Pues tú dices que eres rico, que te ha ido muy bien y
que no necesitas de nada. Pero no te das cuenta de
que eres un pobre ciego, desdichado y miserable, y
que estás desnudo.

—APOCALIPSIS 3:17, TLA

Esto mismo había sucedido conmigo. Mi vida había sido una llena de bendición y favor, de aplausos y elogios, pero nunca había sido probado al nivel de lo que estaba experimentando en ese momento.

El carácter está compuesto de reacciones y hábitos que durante la vida son desarrollados. Cuando somos confrontados con situaciones que nos sacan de nuestra zona de comodidad, quienes somos genuinamente sale a la luz. Es decir, las crisis de la vida no definen tu carácter, simplemente reflejan lo que ya estaba allí. El carácter del creyente es moldeado diariamente con la ayuda del Espíritu Santo, mirando siempre el ejemplo que Jesús nos dejó.

La Biblia dice:

Mas el fruto del Espíritu es amor, gozo, paz, pacien-
cia, benignidad, bondad, fe, mansedumbre, templan-
za; contra tales cosas no hay ley.

—GÁLATAS 5:22–23, RV60

TODO SE ACABÓ

Me di cuenta esa noche que, sin duda, mi fe tenía límites, que mis fuerzas no eran las que yo aparentaba tener, y mi carácter, definitivamente, no era el de Cristo. Así como Susi fue expuesta y sus faltas salieron a la luz con su confesión, de la misma manera, aunque no lo reconocí en ese momento, yo había sido expuesto como un fraude con mi actitud y mi falta de carácter. ¿Dónde estaba al amor del cual había cantado por tantos años? ¿A dónde se habían ido la misericordia y compasión que debía mostrar? ¿Qué del perdón que se me había otorgado en la cruz, y aquella gracia que cada día disfrutaba? Eran cosas que, más adelante, Dios tendría que arreglar dentro de mí, pero por el momento la situación era desastrosa y sin remedio.

Tomé su cartera y le quité todas las tarjetas de crédito y de cuentas corrientes que teníamos en conjunto, y con ello cualquier dignidad y autoridad que le quedaba. Le dije que me iba de la casa y cuando regresara la quería fuera. Mi mente acelerada y fuera de control no podía con la información recibida, y aunque su madre me suplicaba: "Por favor, ten misericordia", todo era demasiado para mí, y me fui de la casa.

Al regresar unas horas después, el drama continuó. Ella, envuelta en lágrimas, todavía estaba recogiendo algunas de sus pertenencias, que su madre le ayudaba a ponerlas en bolsas, y yo apurándola sin misericordia. Reflexionando en esa noche años después, me acordé que durante todo ese espectáculo nadie se acercó a mí para decirme: "Tómalo con calma", "no te apresures", "mañana será otro día y tu mente estará más clara". Tal vez por lo íntimo y delicado de la situación o por no querer ir en mi contra, ya que la furia que tenía era evidente, sin embargo, qué bueno hubiera sido escuchar una voz de paz y un sabio consejo de paciencia y medida.

Fue una escena tan triste la de aquella noche, que tratar de describirla es prácticamente imposible; era una mezcla de agonía, furia, vergüenza, humillación y venganza. Había dolor, llanto, enojo, como jamás yo lo había experimentado, y de seguro por quienes lo presenciaron. Susi, agonizando al ver todo lo que su pecado había causado; yo, bebiéndome el trago amargo de su traición; y mi suegra y los demás en el medio, sin saber qué decir ni qué hacer. Para mi suegra fue sumamente doloroso, ya que era su hija la que se encontraba en el epicentro de aquella tormenta como culpable, y podía percibir la multitud acumulándose para apedrearla. Se le veía en el rostro el dolor que estaba atravesando y lo mucho que quería, de alguna forma, arreglar la situación. No había manera esa noche de encontrar alivio ni arreglo. Fui cruel e injusto, y me pasé. Fui más allá de lo que ella merecía sin saber que también ella estaba sufriendo el desprecio profundo de aquellos que le rodeaban y que sabían lo que había sucedido. Quería desquitarme y no ser la víctima. Luché en ese momento por ser fuerte y lucir como el hombre grande de la película delante de todos, pero en realidad, por dentro, estaba destruido, como un niño herido buscando a quién abrazar, y reaccioné como tal.

Cuando salió por la puerta fue triste ver a la mujer con quien había soñado pasar el resto de mi vida salir de nuestro hogar de esa forma, cabizbaja, con algunas ropas en sus manos, sin dignidad ni derechos. Abracé el rencor y la ira como si fueran mis mejores amigos. El desprecio y el maltrato fueron el escudo y la espada que me defendieron fielmente esa noche, pero nada de eso me ayudó cuando Susi por fin se fue, y quedé en aquella casa solitaria y fría sabiendo que horas antes había sido nuestro hogar feliz.

OPORTUNIDADES DE APRENDIZAJE EN LAS CRISIS

Cada crisis y tormenta que enfrentamos en nuestras vidas son grandes oportunidades en las cuales Dios se quiere glorificar. Son exámenes autorizados por Dios con el fin de demostrar lo que hemos aprendido durante nuestro caminar con Él. A veces los vemos venir y nos preparamos, pero en otras ocasiones, yo diría, en las más difíciles, llegan sin anunciar y nos agarran desapercibidos.

Esa noche hubiera sido una perfecta oportunidad para que Dios se glorificara. Un momento más para demostrar su poder restaurador en un matrimonio que había sido quebrantado y dejado por muerto. Yo me imagino a Dios mirándome desde el cielo con los brazos cruzados diciendo: "Estoy esperando por ti, haz lo que te enseñé y lo que sabes muy bien que debes hacer". Puedo visualizar todo lo maravilloso que tenía preparado para nosotros y lo triste y decepcionado que se habrá sentido al ver mi reacción y mi falta de carácter.

Nuestra historia llegó a tener un final muy feliz, pero nos pudimos haber evitado tanto dolor si tan solo yo hubiera sido obediente y actuado conforme a todo lo que había aprendido desde niño. Aunque el catalizador de la catástrofe que hubo esa noche había sido el pecado de mi esposa, yo tuve muchas oportunidades desde el principio de abrir mi corazón y dejar que Dios hiciera algo sobrenatural. Así es con todas las tragedias de nuestras vidas. Cada una de ellas, por difícil que sean de sobrellevar y comprender, representa una gran oportunidad para que Dios demuestre su poder y se glorifique en forma maravillosa. Es más, yo te aseguro que han pasado decenas de momentos en tu vida en los cuales, mirando hacia atrás, Dios podía y quería hacer algo maravilloso en ellas y no lo dejaste. Te aferraste a la ira y al rencor, al odio y la amargura. Tal vez tu sentido de culpabilidad o tu baja autoestima han sido piedra de tropiezo rumbo a tu destino y propósito perfecto de Dios. La senda que te lleva a la voluntad de Dios no siempre es la más fácil al principio, pero sí la que mejor resultado da al final.

Siempre llegarán otras oportunidades, aunque no aprobemos el examen a primeras, pero qué increíble sería si en cada uno de ellos le damos la oportunidad que Dios se merece para glorificarse. Yo tuve que reconocer con el tiempo que no era lo que pretendía ser y que nunca podría alcanzar las alturas sin vivir conforme al carácter de Cristo. El pecado destruye, arranca de raíz toda esperanza y deja profundas cicatrices en el corazón. La infidelid se pinta como algo tan ligero en el cine, sin consecuencias ni repercusiones, pero la realidad es diferente, y uno no se da cuenta hasta que es demasiado tarde.

ESOS PRIMEROS DÍAS...

Esos primeros días, despues que todo salió a la luz, fueron obscuros y tristes. No quería contarle nada a mi madre ni a mi abuela por temor al efecto que podría causar tan graves noticias a la salud de mi abuela y las emociones de mi madre. Ellas siempre habían querido mucho a Susi y sabía que se les haría difícil aceptar lo ocurrido. El día que le compartí a mi madre lo que había sucedido, simplemente me miró a los ojos con dolor y preocupación, y me preguntó: "¿Y cómo está Susi? ¿En dónde está ella? Quiero hablarle". Esto me sorprendió. No esperaba esas palabras tan pacíficas y ordinarias en un momento tan extremo como el que yo estaba atravesando. Pero su reacción, o mejor dicho, su falta de reacción, me tranquilizó. Me dio por un instante un poco de paz que tanto estaba necesitando.

Se me había olvidado que mi madre ya había experimentado tragedias como la muerte de mi padre cuando era joven. Que había pasado etapas duras en su vida y que Dios nunca le falló. Su fe ya había sido probada, y pasó el examen con altos grados. Me habló con calma y con palabras de esperanza. Demostró lo que a mí me faltaba, el carácter de Cristo. Fue la primera persona que no demostró pánico, sino fuerza y seguridad. Me habló como madre, pero también como sierva de Dios, depositando la palabra del cielo en mi corazón herido. Me dijo que iría a visitar a Susi tan pronto pudiera y que estuviera tranquilo. Mi abuela fue diferente. Yo no pude decírselo, ya que se me hizo difícil. Mi madre habló con ella y le contó lo que estaba pasando. Mi abuela nunca me habló del asunto, pero inmediatamente hizo lo que siempre había hecho en momentos de crisis desde que yo era niño: se puso a orar. Era una guerrera de oración y peleaba todas sus batallas de rodillas. Esto también me dio paz, sabiendo que ya por lo menos tenía a dos mujeres orando por mí.

Tener que enfrentar la vergüenza que implicaba ser víctima de infidelidad no fue nada fácil. Recuerdo entrar por las puertas de la iglesia ese primer domingo, sintiéndome paralizado por el miedo. En mi mente, todos sabían lo que había ocurrido, y me miraban con ojos compasivos y llenos de lástima. Caminaba con gran inseguridad y al parecer sin rumbo ninguno. Estaba viviendo una pesadilla de la cual no me podía despertar y con cada paso que daba se me hacía más difícil fingir la sonrisa. Me di cuenta que el mundo no iba a parar de girar por mí, que aun aquellos que ya sabían mi situación y me habían aconsejado el divorcio procedían con sus respectivas vidas como si nada hubiera pasado. Yo quería que todos sintieran lo que yo estaba sintiendo, que el mundo tomara un receso mientras yo volvía a la vida, pero no fue así, y rápidamente llegué a sentirme muy solo.

Todos habían regresado a su rutina y yo no encontraba cómo hacerlo, pero algo que me ayudó mucho era el poder dirigir la alabanza en mi iglesia. Allí, en esos minutos tan sublimes, encontraba refugio y alivio del dolor que estaba atravesando, y me olvidaba por un instante de todo lo que estaba viviendo. Poder alzar mi voz y adorar a Dios junto a la congregación era como un oasis en medio del desierto de angustia.

Teníamos cinco servicios los domingos y yo estaba encargado de dirigir la alabanza en cada uno de ellos. Hasta el día de hoy, recuerdo aquel momento en que mi alabanza tomó otro giro por completo y mi tiempo de intimidad con Dios se convirtió en algo más profundo y significativo. Aprendí la importancia de alabar a Dios aun cuando Él guardaba silencio. En mi angustia y mi dolor, en el sufrir y llorar, sin importar las circunstancias, yo iba a exaltar al Rey. Siento que eso fue clave en mi desarrollo como adorador. Cuando alababa venían a mi memoria todas las promesas que Dios tenía para mi vida, me recordaba de lo fiel que Él había sido, y la misericordia y el amor que, a través de los años, me había mostrado. Era un escondite en donde el mundo desaperecía aun estando al frente de la multitud. Pero cuando todo terminaba y me montaba en el carro rumbo a casa, nuevamente, como olas, caían sobre mí aquella amargura y toda la rabia que tanto me hacían la vida imposible. Mi corazón adolorido no soportaba la memoria de aquella traición y mientras más días pasaban, peor me ponía. Estaba aferrado a terminar con todo y no quería saber de reconciliación, pero aun así había una guerra interior que me robaba la paz. Algo que me decía... ¿quizás?

"NO TOMES DECISIONES FINALES EN MEDIO DE PROBLEMAS PASAJEROS..."

Los trámites del divorcio fueron rápidos. Al final, Susi se rindió ante mis demandas quedándose tan solo con su apellido de soltera y nada más. Me dio la casa, el carro, prácticamente todo, sin pedir absolutamente nada de ayuda económica. Recuerdo el día que tuve que pararme frente a la jueza y verbalmente decir que lo nuestro no tenía remedio. Ella me preguntó si habíamos hecho todo lo posible para enmendar nuestro matrimonio y si estaba seguro de que esto era lo que yo quería. Nunca pensé que iba a ser tan difícil decir un simple "sí", pero cuando lo dije, al instante sentí una profunda tristeza dentro de mí como si algo se había muerto. En menos de dos meses, todo estaba finalizado.

Pensé que con el divorcio iba a encontrar aliento y paz, que ese capítulo amargo de mi vida se cerraba y todo sería diferente al amanecer, pero no fue así. Esos próximos meses terminaron convirtiéndose en los peores de mi vida, una etapa que verdaderamente no se la deseo a nadie. Los días eran largos, extremadamente tristes y muy solitarios. Perdí treinta libras en treinta días. Una dieta no muy recomendada. Continuaba con mis responsabilidades en la iglesia como director de alabanza, y aunque no era fácil, cumplí con ellas. Encontré refugio y consuelo en esos momentos de comunión con Dios y sentía su mano sobre mí.

Aun así, después de finalizar el divorcio, dentro de ese turbulento mar que era mi vida, yo anhelaba que alguien me tirara un ancla, una palabra de esperanza, alguien que me dijera: "No te rindas", "todavía se puede", "para Dios no hay nada imposible".

Un día, mientras atendía la librería, un pastor local llamado Julio Landa—a quien no conocía personalmente—entró y se presentó. Me dijo que mi suegra le había comentado lo que había ocurrido entre Susi y yo, y que había estado orando por nosotros. Me preguntó si tenía algunos minutos para conversar y le dije que sí. Cerré la tienda y comenzamos a platicar. Yo estaba muy escéptico de cualquier desconocido que se acercara en esa etapa de mi vida, pero algo me dio paz cuando comenzó hablar. Me preguntó si todavía amaba a Susi, si había algún sentimiento positivo en mi corazón hacia ella y si yo creía en milagros. La respuesta para todas esas preguntas era sí, pero con condiciones. Ya habíamos terminado los trámites del divorcio y no veía esperanza ninguna en nuestra reconciliación. Yo personalmente no conocía a nadie que después de un divorcio se había vuelto a casar con la misma persona, pero abrí mi mente y corazón, y lo dejé hablar.

Él me dijo: «El matrimonio es como un jardín de rosas. Desde el primer día que te casas comienzas a darte cuenta que hay que trabajar la tierra de esa tierna y frágil relación para que el jardín pueda tomar vida. Empiezas a mover las piedras de problemas de carácter, a sacar la hierba mala de poca comunicación, y terminan después de un tiempo de cuidado y atención, contemplando un bello jardín lleno de amor, confianza y comunicación.

»Un día, como suele suceder, después de haber llegado al punto de poder disfrutar lo que con tanto esfuerzo y sacrificio habían logrado, se levanta un incendio y arrasa con ese bello jardín dejándolo en cenizas. Mi pregunta para ti es esta: ¿Cuál sería la mejor opción en esa situación? ¿Dejar lo que ya conoces y lo que por tantos años has trabajado, para buscar un nuevo terreno y comenzar de cero? Yo te propongo esto: Aunque se vea solo cenizas y la tierra esté completamente negra por el fuego, aunque no quede ni un solo pétalo de lo que antes era ese bello jardín, siempre será mucho más fácil sembrar en esa tierra ya limpia por manos de amor y paciencia, que tener que buscar un nuevo terreno y enfrentar el arduo trabajo de limpiar lo desconocido.

»Tú tienes en tus manos el poder de bendecir o maldecir la vida de Susi. Nadie más puede restaurarla al lugar que le corresponde sino tú. Dios la perdonó y su salvación no está en juego, pero solo tú puedes darle la oportunidad de una vez más ser llamada la esposa de Ricardo Rodríguez. Ese poder está en tus manos, y no lo puedes delegar. La decisión es tuya».

Esas palabras me impactaron, como un flechazo al corazón. ¿Podría haber esperado un poco más? ¿Debería tal vez haber buscado una mejor consejería y no apresurarme como lo hice? Al escuchar esa analogía no pude más que dudar de mi manera de actuar. Pero, ¿cómo recapacitar después de todo lo que había sucedido? Esa lucha interna todavía persistía dentro de mí.

Al reflexionar hoy en día, no me cabe duda de que Dios estaba preparando el terreno de mi corazón para un milagro sobrenatural. Las palabras del pastor Landa fueron directamente enviadas por Dios para suavizar mi duro corazón y sembrar una semilla de esperanza dentro de él. El pastor Landa no me conocía, no tenía ningún interés en mi talento, ni de sacar provecho de mí. Él había llegado con un genuino interés de ayudarme y obedecer a Dios, y así lo hizo. Hoy día puedo decir con seguridad que esa conversación fue clave en la restauración de mi matrimonio. Fue parte del plan divino de Dios, aunque ninguno de los dos nos dimos cuenta en esos momentos.

MI CONFLICTO INTERNO

Es importante reconocer que servimos a un Dios de acción y no de reacción. Servimos a Aquel que siempre tiene todo bajo control. El Dios que desde antes de la fundación del mundo había planeado tu vida con lujo de detalles. Recuerda que, aunque te desvíes de su plan y pienses que todo está perdido, aunque la solución del problema no exista y se esfuma toda esperanza, Él ya puso en acción un plan de salvación. Su mundo no es uno de casualidades. Es más, Él es diseñador por excelencia, arquitecto sin comparación, y detallista en sus planes. Siempre existe un plan de contingencia si tan solo sabes a dónde mirar.

En esos días perdí la cuenta de la cantidad de veces que llegaba a casa después de cerrar el negocio sin saber ni cómo. Mi mente y mis emociones constantemente estaban nubladas, todavía vivían en un estado de *shock*. Estoy seguro que lograba mi rutina diaria simplemente por una obra milagrosa, porque definitivamente yo no estaba en condiciones de hacer nada en lo absoluto. Puedo decir que el divorcio es lo más cercano a la muerte que he experimentado sin que físicamente alguien muera.

A través de los años he tenido amigos que me han contado sus pensamientos íntimos, a veces dejándome saber su atracción hacia otra mujer que no es su esposa. Me han hablado de cómo se sienten con ellas, lo bien que se llevan y la tentación que están viviendo cada vez que se comunican. Me asombro en cómo ellos contemplan estas relaciones ilícitas sin pensar en las consecuencias, olvidando a las víctimas que, tarde o temprano, pagarán por las malas obras. Cada vez que escucho esos pensamientos me transporto a la escena donde mi esposa está de rodillas en aquella oficina de nuestro hogar pidiendo perdón. Me acuerdo del gran sufrimiento que tuvo que atravesar, y del dolor tan profundo que dejó mi corazón en pedazos. He visto la paga tan terrible del pecado, y mi respuesta a esos pensamientos siempre es la misma: no vale la pena.

El matrimonio es instituido por Dios; es una unión, no solo legal sino espiritual y emocional. La Biblia dice en Marcos 10:8–9: "y los dos serán una sola carne; así que no son ya más dos, sino uno. Por tanto, lo que Dios juntó, no lo separe el hombre" (RV60). Aquí está hablando de algo sobrenatural, algo que Dios unió en el cielo y que no fue hecho para romperse. Por eso duele tanto, por eso hay traumas y conflictos internos cuando se presentan circunstancias que te llevan a contemplar el divorcio. Si pudiera llevar a mis amigos, como en una máquina del tiempo, a revivir conmigo los primeros meses después de la confesión de mi esposa, lo pensarían dos veces. Si pudieran caminar a mi lado atravesando ese mar de amargura y tristeza, donde se pelea con el sueño de la noche y se despierta sin ganas en la mañana. En donde no existe el apetito y se lucha por respirar, y se encuentra en cada esquina el recuerdo de lo que un día fue y jamás volverá. Creo que cambiarían de opinión.

Mi consejo para estos amigos está basado en mi experiencia y en lo que la Biblia dice en Ezequiel 18:30: *"Por tanto, yo los juzgaré a cada uno según sus caminos, oh casa de Israel, dice el SEÑOR Dios. Arrepiéntanse y vuelvan de todas sus transgresiones, para que la iniquidad no les sea causa de tropiezo"* (RVA).

"TU MILAGRO ESTÁ ESPERANDO POR TU ARREPENTIMIENTO"

Pasaron semanas sin yo saber de Susi. De mi parte, no hubo mucha comunicación, pero ella siempre hacía el intento. Sutilmente me dejaba notas en la puerta, y de vez en cuando la veía pasar por el frente de la casa con su mamá. Recuerdo que dos meses después, en el día de mi cumpleaños, me visitó para dejarme unas galletas que me había hecho con mucho amor. No tenía dinero, ni trabajo, y era lo único que podía ofrecerme. Pero una vez más la traté con desprecio y resentimiento. Yo seguía abrazando el rencor y la ira, aunque cada día se me hacía más y más difícil.

Susana había confesado su pecado, se había arrepentido y apartado de él, y Dios se iba a glorificar en su vida aunque yo me opusiera. Sin yo saberlo, ella se había rendido ante Dios, y de rodillas había comenzado una batalla espiritual por su matrimonio.

No tuve mucha comunicación con mis amigos en esa época. Algunos, porque yo los evadía; los demás desaparecieron por su propia cuenta. No los culpo. Era una situación incómoda y muy vergonzosa para muchos. Tenías que tener ganas de sufrir para hablar conmigo. Fuera de mi madre, no tenía a nadie con quien pudiera desahogarme.

Pero en la vida siempre hay excepciones a las reglas, y el nombre de mi excepción era Rachel, mi prima por parte de mi padre. Nos habíamos criado juntos y desde pequeños cultivamos un aprecio mutuo y una linda amistad. Pero honestamente, en esa época, se había convertido en una espina en mi costado que no me dejaba quieto. Era la única persona que nunca tuvo miedo en decirme las cosas tal y como eran, y aunque mostraba compasión por lo que yo estaba sufriendo, nunca me dejaba vivir en ese mundo de lástima en el que yo vivía compadeciéndome a mí mismo.

Tuvimos muchas discusiones, o mejor dicho peleas, en las que ella me confrontaba diciéndome que tenía que abrirme al perdón. Que nunca era demasiado tarde. Cada vez que le recordaba todo lo que Susi me había hecho, ella me recordaba lo que Cristo hizo por mí. Cuando le decía que yo tenía derechos de hacer lo que me parecía basado en la Biblia, ella me decía que la gracia y misericordia siempre le ganarían a la justicia. No se daba por vencida y oraba sin cesar por un milagro. Mi prima era una de las pocas personas que nunca dejó de comunicarse con Susi. Es más, ella fue su oído y consejera en las peores noches de su vida. Le daba ánimo y esperanza, la motivaba a seguir orando y no darse por vencida. Cuando todos los demás no querían lidiar con tal frágil y tensa situación, ella se involucró sin miedo, enfrentado la crítica de muchos y aun mi ira. Eso es ser una amiga de verdad, teniendo un corazón valiente y de carácter conforme a Cristo, obedeciendo la voz de Dios y peleando hasta el final por lo que, sin duda, era lo correcto.

Dios usó a mi prima Rachel como una lumbrera para ayudarme a salir de aquel mundo tan oscuro que había tomado control de mi corazón. Una vez más en retrospección puedo decir que, aunque no eran muchos, Dios en su plan de contingencia comenzaba a poner personas claves a mi alrededor, preparando el terreno para lo sobrenatural. Solo necesitaba mi obediencia.

CAPÍTULO 5

QUIZÁS HOY

por Ricardo Rodríguez

"Quizás hoy será
El día que regrese
Quizás hoy podré
Su rostro acariciar
Y decirle que le amo como siempre
Y que a pesar de todo
Sigo siendo igual".

POR AÑOS, LAS palabras "¡Tú no sabes lo que he pasado!" eran suficientes para yo evitar entrar en conversaciones íntimas y posiblemente vergonzosas que quizás no serían apreciadas, me harían perder el tiempo y de nuevo revivir la pena; por lo menos, así pensaba yo. Hoy en día siento que ya no basta con hablar generalidades. Creo que es necesario hablar francamente de los fracasos personales de nuestras vidas, compartiendo aquellos procesos, aun vergonzosos, que hemos atravesado en nuestro caminar. Esto conlleva explicar detalles dolorosos con el fin de poder llegar al corazón con una genuina convicción de lo que se ha aprendido en el proceso para que otros puedan ser restaurados y sanados.

Mi sincera motivación, por encima de todo, es que de una vez y por todas quede claro que el pecado destruye, condena y te lleva a la ruina física, emocional y espiritual. Pero el amor de Dios, junto con el arrepentimiento y el perdón, te puede levantar de los abismos más profundos y llenarte de esperanza y felicidad una vez más. Es importante dejar saber que los procesos difíciles de nuestras vidas son indiscutiblemente necesarios y que cada uno representa otra oportunidad más para que Dios se glorifique y nuestro espíritu se fortalezca. Todo aquel que quiera alcanzar las alturas de los grandes hombres de Dios tiene que ser sometido a estos procesos humillantes y quebrantadores, con el fin de ser perfeccionado y elevado a un mayor conocimiento del corazón del Padre. Ser grandes, no en fama ni fortuna, sino en la poderosa unción del Espíritu Santo. La unción que conmueve de manera sobrenatural a un corazón quebrantado y destruido para ser levantado en fe y esperanza, reflejando el poder transformador de la gracia y misericordia que solo Dios puede ofrecer.

Hermanos, yo mismo no pretendo haberlo ya alcanzado; pero una cosa hago: olvidando ciertamente lo que queda atrás, y extendiéndome a lo que está delante, prosigo a la meta, al premio del supremo llamamiento de Dios en Cristo Jesús.

—FILIPENSES 3:13–14, RV60

En mis viajes ministeriales, he recibido testimonios de personas mencionándome la unción conmovedora que hay detrás de mis canciones. Me hablan de cómo el Espíritu de Dios se mueve a través de ellas y el impacto que han tenido esas canciones en sus vidas y las de sus familiares. Yo mismo doy testimonio de cómo unas simples palabras junto a una melodía han quebrantado corazones y sacado lágrimas cuando menos me imaginaba. Pero ahí está una de las grandes diferencias entra la música secular y la sacra. Por muy bella que sea la melodía o cuán elocuente o poética sea la letra, sin la unción del Espíritu esta se convierte en algo pasajero y superficial que nunca causará cambios radicales ni impacto profundo en las vidas de aquellos que la escuchan. La unción es indispensable para poder ser útil en el servicio de Dios.

Comprendí desde muy temprana edad que el nivel de unción derramado sobre mi vida y reflejado en mi ministerio estaba directamente conectado a los procesos que Dios me había permitido atravesar. Así como la aceituna era aplastada y quebrantada con el fin de que fluyera el aceite, de igual manera yo tenía que ser aplastado y quebrantado para que esa unción que sana, restaura y levanta al caído pudiera fluir de mis heridas. El precio es grande, el camino es doloroso y casi siempre solitario, pero vale la pena y es necesario ser procesado por Dios si quieres tener la unción.

LA UNCIÓN QUE FLUYE
DESDE LAS HERIDAS

Recuerdo que en los meses después que Susi y yo nos divorciamos, buscando algún consuelo, me refugiaba en la música diariamente. No era nada nuevo para mí, ya que desde niño había sido parte de mi rutina y algo que siempre me daba ánimo y aliento. En ocasiones, lo recibía en los himnos que había cantado en mi niñez; otras, en aquellas canciones que escuchaba en la radio o que tenía en mi colección. Pero más que todo, cuando me sentaba en el piano y dejaba mi mundo atrás para tener esos momentos de adoración; allí sentía el mayor alivio de mi dolor. Muchas veces no había ideas ni melodías que desarrollar, y menos deseos de componer, pero me traía un poco de paz cuando mis manos tocaban las teclas, y como obra milagrosa, me perdía en el sonido de aquel antiguo instrumento.

De vez en cuando regresaba a la casa de mi madre, sin tener a dónde ir, y dormía siempre en la sala al lado de mi viejo piano. Era demasiado doloroso continuar en un lugar tan solitario y con tantos recuerdos amargos como lo era mi propio hogar. Una noche, de tantas que pasaba sin dormir, me senté en mi piano como lo había hecho cientos de veces desde joven. Recuerdo que esa noche había llorado mucho, y en mi mente cuestionaba a Dios por todo lo sucedido, reclamándole por qué se había olvidado de mí. Esta vez, en la oscuridad de la sala y en el silencio de la noche, comencé a tocar una melodía desconocida pero muy simbólica, de todo lo que estaba sintiendo mi corazón. Una vez más volvieron a fluir las lágrimas y honestamente no sé si fue la melodía o mi estado emocional, pero fui impactado profundamente por las notas que estaba tocando.

Después de un rato, dejé de tocar y levantando mi cabeza mis ojos se cruzaron con una Biblia que estaba encima de aquel piano. No recuerdo haberla visto antes de sentarme, pero no me extrañaba que estuviera allí, ya que mi madre tenía Biblias en cada esquina de su casa. Buscando alguna inspiración y consejo divino, y tal vez anhelando escuchar de manera audible la voz de Dios como suele suceder cada vez que estamos en crisis o sin esperanza, abrí las páginas de aquella Biblia.

Mis dedos me llevaron directamente a Lucas 15:11. Y comencé a leer esta parábola que por tantos años había escuchado. Me la conocía como la palma de mi mano. Era una de mis favoritas, ya que me identificaba mucho con el hijo que se fue de la casa. No por haber sido rebelde como él, ya que siempre había intentado dar buen ejemplo en casa, sino más que todo porque desde mi niñez anhelaba ese abrazo incondicional de aquel padre que nunca tuve, así como aquel hijo lo recibió de su padre. Todos soñamos con ese amor sin fin y con aquel padre que nos ama a pesar de nuestras faltas y rebeliones. Cuando llegué al versículo 20, algo sucedió en mi espíritu. Una revelación que claramente me ayudó a entender como nunca antes, el profundo amor de mi Padre celestial.

> Y *levantándose, vino a su padre. Y cuando aún estaba lejos, lo vio su padre, y fue movido a misericordia, y corrió, y se echó sobre su cuello, y le besó.*
>
> —LUCAS 15:20, RV60

TIEMPO DE CONFRONTACIÓN Y QUEBRANTAMIENTO

En ese momento me di cuenta que ya no estaba solo en aquella sala, que había algo sobrenatural moviéndose en la atmósfera. Algo que estaba sacudiendo mi interior y, a la vez, confrontando mis sentimientos. Sentí temor, y me tiré al piso. Había un amor incomprensible que inundaba mi mente y mi corazón. No podía ni hablar cuando, de repente, mi memoria se remontó años atrás hasta aquel primer encuentro con Dios en un campamento de jóvenes. Yo tenía apenas 17 años cuando sucedió algo que transformó mi relación con Él.

Recuerdo que había llegado al campamento con la intención de pasarla chévere con mis amigos; si Dios me hablaba, bien, pero honestamente no era algo que estaba buscando. El primer día del campamento, ya de madrugada, cuando todos estaban ya en sus camas durmiendo, sentí algo que nunca había experimentado en mi vida, como un gran temor dentro de mi corazón. Yo no soy de aquellos que se asustan fácilmente, ni sufro de fobias causadas por el miedo a la oscuridad, ni tampoco padezco de valentía cuando hay que enfrentar lo desconocido. Pero esa noche, el miedo que sentía era paralizante. Tanto que aun estando en una habitación rodeado de amigos, y siendo yo alguien que me crie creyendo en un Dios poderoso, se me dificultaba conciliar el sueño.

Nunca había experimentado algo semejante. Sin poder aguantar más, llamé a mi tía, quien era mi pastora en ese entonces, y al pastor encargado de los jóvenes, para que oraran por mí. Cuando ambos llegaron, viendo mi condición emocional, me preguntaron qué me sucedía, pero yo no podía ni responder. Entre lágrimas les comenté lo que estaba sintiendo y de aquel terrible temor que estaba abrumando mi corazón. Les dije que sentía como si el bien y el mal estuvieran peleando por mi alma, y yo en el medio tenía que tomar una decisión. Rápido me llevaron a un cuarto aparte que usualmente se usaba para orar, y allí me impusieron las manos y comenzaron a clamar.

Pasaron lo que parecían horas, y hasta el día de hoy puedo decir que nunca he llorado tanto como lo hice esa noche en aquel campamento. Sentí la presencia de Dios de una manera palpable y fue algo maravilloso, pero a la vez, viendo allí mi condición delante de Él, me sentí inadecuado. Dios me confrontó, recordándome mis acciones, mi mal temperamento, mi falta de convicción y mi ejemplo cuestionable aun siendo líder ante los demás. Había estado viviendo una doble vida y Dios quería más de mí. Esa noche, en aquel campamento, solté todos mis planes y mis sueños, mis talentos y mis habilidades, y los dejé en las manos de Dios. Al fin pude encontrar la paz que tanto anhelaba. Le entregué mi vida por completo a Él y decidí en ese momento servirle con todas mis fuerzas y mi corazón.

Una vez más, estaba sintiendo aquel mismo temor que me había dejado paralizado y en lágrimas en aquel campamento de jóvenes años atrás. Tomando fuerzas, no sé ni de dónde, seguí leyendo su Palabra y aún más me impactó. ¿Cómo era posible que este padre de la parábola, quien representaba a nuestro Padre celestial, pudiera demostrar tanta gracia y misericordia? Tanto así que estuvo esperando a su hijo desde el día que se fue hasta el día que regresó. Vi a un padre perdonador, sin ira ni rencor, el perfecto ejemplo de lo que es ser un verdadero hijo de Dios. Entendí en ese instante que no había nada que pudiera separarnos de su amor, pero sobre todo, esa madrugada escuché claramente la voz de Dios preguntándome: "¿Quién eres tú para no perdonar?". Esas palabras me rompieron por dentro y mi corazón fue hecho pedazos, quebrantado, quedando allí sin forma. No tenía defensa, no había palabras ni heridas que pudieran justificar mis acciones ante Dios. Era como si un velo hubiera sido levantado de mis ojos y todo se veía muy claro.

Cuando vi el corazón de Dios y lo comparé con el mío me di cuenta que había sido un hipócrita, un hombre egoísta que no quiso compartir el mismo amor incondicional que había recibido como regalo de Dios. Pude ver en mi mente, como si fuera una película, las muchas veces que insulté a Susi, dejándole saber con lujo de detalle lo mal que pensaba de ella. ¡Tantos momentos en que me pidió perdón, y yo solo le ofrecí miradas de desprecio! La humillé, recordándole en cada oportunidad que encontraba todo lo que me había hecho. No tuve amor ni compasión, aun cuando yo sabía que ella no tenía a nadie más y que, poco a poco, se estaba hundiendo en un mar de pena y dolor. Sabiendo que yo era el único que podía ofrecerle un salvavidas, aquel que tenía en sus manos el poder para rescatarla y darle otra oportunidad de vivir, cuando más me necesitaba en ese momento crucial y decisivo, crucé los brazos sin misericordia y la dejé morir.

Me sentí avergonzado e incapaz de recibir lo que Dios me estaba ofreciendo en ese momento, su amor incondicional. ¿Cómo pude haber sido tan cruel con palabras que salieron de mi boca tantas veces y después subirme al altar y alabar a Dios como si nada? ¿Cómo habrá sido la compasión de Dios para conmigo en esos meses, que aun cuando yo no vivía lo que cantaba, Él derramaba su gloria fielmente sobre mí y me respaldaba? ¿Habrá sido porque me tenía lástima, porque comprendía mi dolor y todo lo que yo estaba atravesando? *Tal vez*, pensaba yo.

Como lo hizo en aquel campamento, Dios de nuevo me estaba confrontando. Me estaba pidiendo algo. Pero esta vez no eran mis talentos ni mis dones, no estaba buscando que le entregara mis sueños ni mis ilusiones. Ahora Dios estaba pidiendo algo de mí que yo no había querido soltar, algo que era mucho más difícil, pero que al hacerlo cambiaría mi destino para siempre: Dios estaba pidiendo mi perdón. Yo había estado luchando por meses con el dolor de la traición de Susi, y aunque aparentaba delante de todos que estaba bien, por dentro estaba destruido. La ira y el rencor me estaban consumiendo lentamente y no encontraba paz, aun ni para dormir. Una vez más había llegado el momento decisivo, esa encrucijada que marcaría un antes y un después. Yo sabía lo que tenía que hacer, y por fin me rendí. Al hacerlo sentí ese abrazo del Padre que tanto anhelaba. Pude palpar su amor y experimentar su comprensión, y algo más relevante que nunca esperaba sucedió. Escuché su voz susurrándome al oído las palabras que tanto necesitaba escuchar: "No estás solo. Yo estoy contigo".

Hasta el momento, Dios había guardado silencio, y llegué a pensar que se había olvidado de mí. *Tal vez no era lo suficientemente importante como para robarle de su tiempo; tal vez se había escondido y nunca respondería,* pensaba. Pero allí de madrugada, en ese cuarto oscuro, en mi peor momento, el Dios de mi niñez se hizo presente de forma extraordinaria. Me demostró su cariño y su atención, y sentí una vez más aquella paz, que tanto me evadía, calmando mi alma. Aquella misma alma que se estaba ahogando en un mar de desesperación y ansiedad minutos antes, ahora encontró el descanso con unas simples palabras del Maestro. Reconocí que nunca me había abandonado, sino que estaba esperando el tiempo perfecto para revelarse y demostrarme su plan. Al final comprendí que mi perdón siempre había sido la llave para abrir esa puerta de bendición, paz y poderosa unción, la cual Él desde el principio tenía preparada para mí.

En ese momento tomé la decisión de no ser simplemente alguien a quien Dios le tenía lástima, sino aquel de quien Él podía estar orgulloso.

¿Y SI LA PERDONO?

Perdonar a mi esposa. ¿Podría ser posible? ¿Habría alguna manera de recuperar lo perdido y restaurar nuestro amor? Después de todo lo sucedido, ¿podrá Dios hacer un milagro con este desastre que es nuestro matrimonio? Buscar la reconciliación traería repercusiones no favorables a mi ego. *¿Qué dirían los demás?*, pensaba yo. *¿Qué pensarán de mí? Tal vez como alguien débil y sin carácter, ya que iba en contra de todo lo que siempre había dicho:* «Si mi esposa me es infiel, la dejo sin mirar atrás». Así hablaba en mi inmadurez e ignorancia. Estaba seguro que el camino a la restauración sería algo vergonzoso ante mis ojos y los de los demás. Entendí que perdonar a mi esposa significaría compartir su culpa y su pena, que yo también sería señalado como ella, pero estaba claro que no había otra manera de lograrlo. No sería una decisión de simples palabras; no era algo ligero y sin compromiso; tendría que tomar su lugar y enfrentar todas las consecuencias que eso traería. Estaba decidido.

Al recordar, comprendo ahora por qué Dios quebrantó mi corazón esa noche. La única manera por la cual yo podía aceptar esas condiciones y perdonar lo imperdonable era con un corazón nuevo. Mi antigua manera de pensar, mis prejuicios y mi ego jamás darían lugar a la gracia, la misericordia y el perdón. Pero esa noche, Dios comenzó a moldear un nuevo corazón en mi interior y allí entre las cenizas y escombros que habían quedado, después de arrasar con la lógica, la ira y el rencor, se levantó un hombre transformado por el poder y la unción del Espíritu Santo. Alguien dispuesto a luchar, y más que todo, a perdonar.

Hubo algo que leí que me ayudó mucho a comprender el poder del perdón (y lo recomiendo a todo aquel que está herido y buscando ser sanado). El escritor David Augsberger, en su libro *Perdonar para ser libre*, dice: "El hombre que perdona paga un precio tremendo, ¡el precio del mal que perdona! Si el estado perdona a un criminal, la sociedad soporta la carga de las fechorías que han cometido. Si alguien rompe una valiosa reliquia familiar y el dueño lo perdona, este se hace cargo de la pérdida y el culpable queda libre...Al perdonar, tenemos que cargar con toda nuestra ira ante el pecado del otro, aceptando voluntariamente la responsabilidad por el daño que se nos ha hecho".[1]

El libro, además, explica: "Perdonar no consiste en tomar el camino fácil de mirar hacia otro lado cuando se nos hace algo malo. El perdón jamás equivale a pasar por alto o 'guiñarle el ojo' al pecado. No recibe el mal con ligereza. No acepta la idea piadosa de simular que el mal en realidad no es malo. Perdonar no es simple cortesía, tacto o diplomacia. Tampoco es lo mismo que el simple olvidar. Claro que cuando se perdona se olvida también. Pero pretender que el olvido viene primero es como pretender que la aprobación del examen final sea el requisito de ingreso al curso".[2]

Después de aceptar a Cristo como mi Salvador, tomar la decisión de perdonar a mi esposa fue la que mayor impacto tuvo en mi vida, y la más difícil. Todavía tenía mis heridas, la falta de confianza y las dudas con las cuales tendría que lidiar, pero sabía claramente en mi corazón lo que Dios quería que yo hiciera, y eso era suficiente.

Me ayudó mucho cuando reflexioné en el cuadro de la cruz y ver allí el ejemplo del verdadero perdón. Ver a Jesús, quien cargó las culpas, sufrió el dolor y enfrentó las consecuencias. Aquel que llevó sobre sus hombros lo que no le pertenecía llevar, pagando el precio del pecado y perdonando a quienes les crucificaban y maldecían sin condiciones ni pretextos. Mejor plano no podía encontrar para comenzar a reconstruir mi vida de nuevo. Jesús lo había hecho por mí, y ahora me tocaba compartir ese perdón con mi esposa. ¿Sería lo suficientemente valiente? ¿Podría aguantar todas las críticas y miradas de desprecio de aquellos que nos rodeaban? Esas eran las preguntas que inundaban mi mente, pero no miraría hacia atrás.

UN NUEVO CÁNTICO

Dios me había visitado y fui quebrantado. Su Espíritu me redarguyó y esa noche pude sentir su gloria como nunca antes. Cuando hablamos de la gloria de Dios, siempre nos viene a la mente la paz y felicidad que trae estar cerca de Él. Anhelamos sentir, de manera sobrenatural, un pedazo del cielo y olvidarnos de nuestra vida cotidiana aquí en la tierra. Pero la gloria de Dios resplandece como el alba, trayendo claridad a nuestras vidas. Esa claridad saca a la luz nuestras imperfecciones y nos hace reconocer que todavía nos falta, que no somos lo que pensamos ser, que aunque seamos víctimas de algún mal, no somos quiénes para no perdonar, para no amar y demostrar compasión.

Eso fue lo que sucedió conmigo esa noche. Su gloria resplandeció sobre mí y nunca sería igual. Sabía que iba a brillar diferente, que no iba a ser solo por mis canciones y mis talentos, sino que esta decisión me llevaría a otro nivel de gloria, reflejando lo que Dios puede hacer aunque todos digan que no.

Dios me confrontó, no con castigo ni rechazo, ni con vergüenza ni desprecio, sino con amor y comprensión, y pude entender mi gran error. Me rendí a su voluntad como nunca antes. Ya no me importaba el pasado, solo quería que mi esposa regresara. Anhelaba su rostro acariciar y decirle que la amaba como siempre, que a pesar de todo, yo seguía siendo igual.

Esa noche fue el comienzo de la restauración. Al igual que Susi, yo tuve que buscar el arrepentimiento, tuve que reconocer mis faltas y dejar que Dios me quebrantara en mil pedazos y me moldeara de nuevo con un corazón sensible, misericordioso y lleno de amor. Mi petición esa noche fue simple y tal vez atrevida. Pedí su ayuda en la restauración de nuestro matrimonio y también que por cada lágrima que yo había derramado de angustia y dolor, algún día pudiera ver las lágrimas de vidas impactadas y bendecidas por nuestro testimonio.

Me senté al piano una vez más y comencé a escribir las primeras frases de la canción "Quizás hoy". Recuerdo que con cada cambio melódico y cada letra que ponía en el papel sentía la mano de Dios sobre mí. Era como si Él estuviera escribiendo la canción y yo solo era un instrumento en sus manos. El sentimiento, la descripción del padre, las progresiones musicales, todo se me hizo fácil esa noche al componer este tema. Comprendí que Dios estaba esperando que abriera mi corazón, y tomara la decisión de abrazar el perdón, para entonces Él poder derramar aquella unción poderosa sobre mí.

Dios quiere glorificarse en nuestros fracasos, anhela derramar sobre nosotros esa unción sobrenatural que torna lo imposible en algo real. Él quiere llevarnos a una mayor comprensión de su gracia y amor, y a ese profundo conocimiento de las características de su corazón. Pero nada de esto es posible si no tomamos la decisión de hacer su voluntad. Aun cuando sea increíblemente difícil, cuando no es lo popular, y tal vez nos quedemos solos, Dios demanda eso de nosotros.

El perdón que libera y restaura

¿Cuál es la voluntad de Dios? El mayor ejemplo lo tenemos en la cruz. Jesús, siendo inocente, vino a morir de manera cruel con el fin de pagar por nuestros pecados. ¿Por qué? ¿Por qué el hijo de Dios tuvo que descender de su trono celestial y morir cruelmente colgado de un madero? ¿No era capaz de simplemente decir "los perdono", y hubiera sido suficiente? Bastaba con un solo decreto oficial del cielo y Él se hubiera evitado el sufrimiento. Pero la realidad es que todo pecado deja una deuda establecida que no se puede cancelar con palabras. Unos años atrás, alguien me contó esta anécdota:

«*Un día alguien te invita a su casa a cenar. No es un lugar cualquiera ya que has sido invitado a cenar en la casa de la familia más rica de tu ciudad. Entras por las puertas del comedor y ves una mesa asombrosamente servida con platos lujosos para ti y todos los dignatarios que han sido invitados para juntos compartir una noche inolvidable.*

»*El dueño de la casa te explica que todo lo que se va a usar para comer, platos, utensilios, copas, etc., forman parte de una colección que ha sido para el uso privado de la casa por generaciones. Realmente no tienen precio. Comienzan a servir la comida y, claro, lo peor que te puedes imaginar sucede. Uno de los platos se te escapa de la mano y cae al piso rompiéndose en mil pedazos. Tu cara lo dice todo, quieres salir corriendo y brincar por la ventana; anhelas que la tierra se abra y te trague en el momento. Pero tienes que enfrentar las consecuencias. No se puede reemplazar el plato, y no tienes cómo pagarlo. Solo te resta rendirte a la misericordia de los dueños y pedir perdón. El perdón es dado inmediatamente y eres liberado de toda consecuencia. No tienes que pagar por el daño hecho y nadie te hace sentir mal por ese grave error.*

»*Pero hay que recordar que el plato sigue roto, y ya la colección no es la misma al faltarle una de las piezas más importantes. Ha quedado una deuda que alguien tiene que asumir; resta todavía el dolor de haber perdido algo tan valioso. Los dueños de la casa te dieron la libertad, asumiendo ellos las consecuencias de ese plato roto. Pero cada vez que sirvan la mesa, habrá un espacio vacío de aquella pieza que jamás se pudo reemplazar*».

Así es el pecado, siempre dejando una deuda que sin falta hay que pagar. Todo error cometido deja consecuencias con las que hay que lidiar. El perdón es el acto de aceptar las graves consecuencias del pecado de otro, siendo uno inocente. Es llevar la culpa, pagar la deuda, y jamás rendirle cuentas al ofensor. El perdón libera al culpable de toda vergüenza y lo restaura a su posición original.

Así hizo el padre con el hijo pródigo. Cuando se encontró con él en la senda, no le pidió cuentas del dinero que le quedaba, ni le importó las condiciones físicas en las que regresó. Tampoco lo posicionó por debajo de lo que él era, ni de lo que nunca dejó de ser: ¡su hijo! Es más, la Palabra de Dios da a entender que el padre no albergó rencor ni ira o enojo. Más bien, siempre soñó con el día en el cual su hijo regresara. El perdón estuvo presente desde el instante que su hijo le dio la espalda y se marchó. Así debemos ser.

El perdón también tiene resultados secundarios y aquí es donde tal vez muchos no entendemos por qué Dios apasionadamente quiere que perdonemos:

1. Perdonar no es una señal de debilidad, más bien, requiere mucha valentía y esfuerzo.
2. Perdonar demuestra nuestra afinidad con el corazón de Dios.
3. Perdonar libera, no solamente al culpable, sino también a la víctima.

La ira, el enojo y el rencor son sentimientos dañinos que lentamente sofocan los sueños, la esperanza y el propósito de Dios para nuestras vidas. Te amarran a un instante, a un momento de tu pasado y, al final, gobiernan tu presente y anulan tu destino.

Recuerdo que en esos meses que estuve aferrado a la ira y al rencor, revivía el cuadro de mi esposa y su pecado una y otra vez. Eran escenas que constantemente estaban repitiéndose en mi mente. No había escape de día ni de noche, y física y mentalmente me estaban matando. No dormía, no comía y no había salida, por mucho que lo intentaba con mi razonamiento. Nunca pensé que lo que el mundo veía como debilidad, la opción que al principio pocos me dieron, al final fue el acto que puso en acción la mano de Dios para sacarme de mi cautiverio y devolverme lo que el diablo me había robado. ¡El perdón me liberó!

El consejo sabio

En mi corazón estaba claro lo que tenía que hacer, pero el cómo hacerlo me tenía nervioso. Todavía luchaba con aquellos sentimientos dolorosos del rechazo que había vivido, y el enojo y la ira se apoderaban de mí cuando menos los esperaba, como olas de tsunami.

Decidí ir a la fuente de sabiduría que siempre había estado presente en mi vida, aquella mujer que me había demostrado el mejor ejemplo de lo que era vivir una vida de integridad y constante oración: mi madre. Ella siempre me había dado buenos consejos, por lo que, al día siguiente, le pedí unos minutos a solas para conversar. Como siempre, no demoró en sacar tiempo para mí y juntos nos sentamos afuera de su casa para platicar. Abrí mi corazón contándole todo lo que había experimentado la noche anterior. Le dije cómo me sentía de nervioso y las luchas internas que persistían en mi corazón. Después de un largo rato compartiendo mis inseguridades, le pedí su consejo.

Yo esperaba lo que cualquier madre con un hijo que había sido herido profundamente hubiera respondido. Una reacción similar a la mía, sin compasión ni misericordia. Sin embargo, sus palabras fueron sutiles y llenas de amor. No dijo nada negativo en contra de Susi, ni mencionó en ningún momento el pasado y aquello tan terrible que nos había llevado al divorcio. Me compartió que había estado orando por mí y mi sanidad interior, pero más que todo por Susi y su corazón lastimado y frágil. También me sorprendió escuchar que había estado intercediendo por nuestro matrimonio y que, en su opinión, la decisión de divorciarnos había sido muy ligera y apresurada. Sin embargo, lo más importante, y lo que más me impactó, fueron las palabras de fe y afirmación que traspasaron mi corazón y derrumbaron toda asechanza del enemigo: "Dios todavía puede hacer un milagro". Esas palabras me llenaron de esperanza y me dieron la fuerza que necesitaba para tomar el próximo paso. Era exactamente lo que anhelaba escuchar, pero tenía miedo decirlo.

No sé de dónde ni cómo salió la idea, pero pedí su bendición para invitar a Susi al viaje navideño que teníamos planeado en las próximas semanas. Vi en sus ojos y escuché en su voz la respuesta que me dio tranquilidad y puso todo en movimiento: «Claro que sí». Terminamos orando y sentí una vez más la paz que solo llega cuando estás en la perfecta voluntad de Dios.

Es importante reconocer que la paz que sobrepasa todo entendimiento solo llega a tu vida cuando estás caminando en el diseño y propósito de Dios. No importa si el mundo que te rodea se está derrumbando, si todos los que están a tu lado no están a tu favor, si Dios está contigo, ¿quién contra ti? (ver Romanos 8:31). Él tiene la última palabra y su Palabra dice: *"…que a los que aman a Dios, todas las cosas les ayudan a bien, esto es, a los que conforme a su propósito son llamados"* (Romanos 8:28). Si estás cumpliendo el propósito de Dios para tu vida, Él abrirá las puertas y te dará las fuerzas necesarias para lograr tus sueños y llegar a la meta, no importa lo imposible que aparente ser.

Entrar una vez más por la puerta de la casa de mi madre me trajo un alivio, y hasta cierto punto, una gran satisfacción. Había tomado la decisión de hablar de nuevo con Susi. Hablar con emociones contenidas, sin palabras lastimosas y con un poco de esperanza. Conversar de nuevo con aquella mujer que en una ocasión me había robado el corazón, que hacía poco tiempo atrás me había hecho reír, soñar y sí, llorar.

Pero, ¿cómo reaccionaría ella? No habíamos hablado por varias semanas y desconocía su estado emocional. Yo la había tratado tan mal en cada intento que hacía por acercarse a mí y de seguro estaría con las defensas en alto al responder. Eso me puso nervioso otra vez, pero ni modo, levanté el teléfono y marqué el número. Al escuchar su voz al otro lado de la línea, sentí algo que jamás pensaba volver a sentir. El sonido de su voz me hizo recordar aquella noche que hablamos por teléfono por primera vez. Esa emoción nerviosa de un niño enamorado volvió a tomar control de mí y me sorprendí. La noté diferente, más segura de sí misma, pero con los mismos nervios que yo sentía. Le pregunté por su mamá y su papá, dando vuelta en mi mente cómo la iba a invitar. Me dijo que todos estaban bien y que ella también se sentía mejor. Me parecía tan extraño escucharla hablar de una manera tan distante y separada de mi mundo, pero así es el divorcio. Se pierden los detalles de la intimidad, las costumbres que nos hacen sentir tan a gusto. ¡Cuánto extrañaba su amistad!, pero no me atrevía a decirle nada.

Después de un rato en la línea, le mencioné mi gran idea, invitarla a nuestro viaje familiar el próximo enero. No podía ver su rostro, pero percibí su voz temblorosa al otro lado y con ello me dejó entender que estaba sorprendida con mi propuesta. Me preguntó si había hablado con mi mamá, y yo le conteste que sí, que todo estaba aprobado. Su respuesta fue rápida y la que anhelaba escuchar: iría con nosotros al viaje familiar. Colgamos con amabilidad y cortesía, a nivel de sentirnos un poco incómodos, pero no podíamos esperar nada más después de todo lo vivido. Nos separaba un abismo de desconfianza y dolor. Sus acciones y mis palabras habían causado un efecto no deseado y desastroso; dos corazones que antes se amaban tanto, ahora luchaban con tan solo decir adiós.

UN DESTELLO DE FELICIDAD

La vi llegar con su mamá, y al bajarse del carro fui hacia ella a saludarla. Después de un beso en la mejilla y un "¿cómo has estado?", caminamos juntos a la orilla del canal que corría no muy lejos de la casa de mi madre. Allí, estando solos por primera vez después de tanto tiempo de no verla, contemplé su rostro y no pude contenerme. Llevé mis manos a su cara y la acaricié. No podía ni hablar, pero con un nudo en la garganta, le susurré tres simples palabras: «Te he extrañado». Ella respondió: «Yo también a ti».

Hubo un silencio entre ambos mientras nos abrazábamos profunda y largamente, y por un instante, por un momento nada más, todo había vuelto a su lugar. No existía el pasado y nuestro mundo era perfecto. Fue como si

Dios nos demostrara un pequeño destello de la felicidad que pudiera existir, si tan solo le diéramos una oportunidad al perdón.

Regresamos juntos a donde todos ya se habían reunido para salir de viaje. Teníamos un largo y difícil camino por delante. Y aunque la duda estaba presente y procederíamos con cautela, estábamos esperanzados.

CAPÍTULO 6

VUELVE

por Susana Rodríguez

"Vuelve, te extraño y me duele
No pasa ni un minuto sin que en ti no piense
Mi mundo se detiene
Vida vuelve, aquí ya no hay nada
Tan solo quedan ganas de volver a verte
Te extraño como siempre".

CONTINUÉ MI RUTINA diaria de orar y caminar con mi padre a mi lado, siempre muy vigilante. Mis padres sabían lo frágil que yo estaba. Algunos días comía, y otros no. No tenía idea de lo que estaba pasando en el mundo. Dejé de ver la televisión y leer algún material de lectura que no fuera la Biblia. El sol y la luna llegaban y se iban cada día, mientras yo seguía viviendo en mi burbuja de soledad.

Un día me di cuenta que necesitaba ayudar a mis padres económicamente ya que este iba a ser mi hogar hasta que pudiera plantarme sobre mis dos pies. Comencé a buscar empleo y solicité una posición en la oficina de un veterinario. Recuerdo que me costó mucho vestirme y salir de la casa. Llegué a la entrevista en lágrimas y reuní la fuerza suficiente, con la ayuda de mi mamá que estaba conmigo en el auto, para entrar al lugar. Mientras llenaba el papeleo tenía que seguir enjugándome las lágrimas. Estaba aplicando para un trabajo que necesitaba pero no quería, y lo único que podía pensar era en Ricardo y el hecho de que tuvimos una casa juntos, que compartimos tanto y teníamos tantos sueños. Pero todos mis pensamientos siempre terminaban con: «*Estoy donde merezco estar. He pecado y por lo tanto lo he perdido*». Era un castigo constante al que yo misma me sometía.

Una de las preguntas en la solicitud de empleo era anotar C para casada, D para divorciada o V para viuda. Me quedé en esa pregunta por varios minutos sin saber cómo contestar, aunque sabía lo que la respuesta tenía que ser. Quería un momento para explicarme y, por extraño que parezca, la oportunidad de decir: «Lamento esta indiscreción. Esa no es quién yo soy». Al final me dieron el trabajo y hasta hoy no sé cómo. Creo que me tuvieron lástima. Me dijeron que estaba más que calificada para trabajar allí. Yo no quería nada que ver con el público y les pedí que me ubicaran en la parte de atrás con los animales. No quería ver a los seres humanos, ni tener que lidiar con preguntas que me hicieran.

El primer día de trabajo, mi mamá me llevó temprano, y cuando comenzó a irse yo quería regresarme con ella. Era como una niña, temerosa y solitaria, abrumada por el dolor. El doctor al verme, me preguntó por qué estaba tan triste. No sabía qué decirle. Todo estaba tan fresco en mi mente. La herida no había sanado. Mi corazón destrozado no estaba en condiciones de asumir la rutina cotidiana. No pude soportar, y disculpándome, me despedí y me fui caminando hacia mi casa.

En esa caminata, medité en todo lo que había ocurrido hasta entonces. Mi confesión a Ricardo, el divorcio, el dolor constante que me llenaba. Comencé a llorar y hablarle a Dios. ¿Hasta cuándo estaré sufriendo? ¿Sería yo esa persona que nadie quería cerca de ellos? ¿Cómo iba a superar esto? Sinceramente creía que yo estaba haciendo todo lo posible al dedicarme a una vida de oración, de alimentarme con la Palabra de Dios que era maná diario de lo alto. La caminata era larga, y sabía que tendría que parar en un teléfono público para llamar a mi mamá, porque no quería estar sola. No quería que nadie me viera sola sin mis padres. No quería darle a la gente más municiones para que siguieran hablando de mí. Sentada en ese estacionamiento, comencé a meditar en cuánto había llorado y el dolor que estaba sintiendo, y le pregunté a Dios cuándo se me iba aliviar la carga.

¿HASTA CUÁNDO, DIOS?

Mi madre me buscó y al llegar a la casa entré en mi cuarto para orar. Esta era mi consolación, mi fuerza. Pero esas preguntas que le hacía a Dios se repetían en mi cabeza. ¿Hasta cuándo me castigaría por todo lo que había hecho? A pesar de haber crecido en la iglesia, todavía no entendía el perdón de Dios y su gracia. Yo estaba ciega y confundida. Sollocé y clamé al Señor: «Te suplico, te suplico, ¡perdóname!».

Esa noche mi madre me invitó a un pequeño culto de oración en una ciudad cercana. Acepté su invitación y me fui con ella. Durante ese tiempo estaba hambrienta de todas las cosas de Dios, pero aún sentía un peso muy grande en mis hombros y en mi corazón. Llegamos al lugar. Era una casa vieja en un barrio muy malo y yo estaba reacia a entrar. Mi mamá, por fin, me convenció a bajarme del auto cuando vio a su otra amiga entrar. Era un culto de oración evangélico al estilo viejo y me sentí muy fuera de lugar. Mi mamá me había dicho que una de sus amigas le dijo que la presencia de Dios estaba ahí cada noche y que Dios usaba al pastor que dirigía los servicios en gran manera. Siempre era muy escéptica de todo y dudaba pero, quería oír lo que tenía que decir.

Cantaron dos canciones de un himnario, y mientras el piano tocaba suavemente, yo dije en oración: «Padre, te suplico que me perdones, ¡te lo suplico!». De repente, sentí las manos de alguien tocar mi cabeza con ternura, y al abrir los ojos vi a un hombre parado frente a mí. Oí cuando me dijo: «Tú has sido perdonada, ¿por qué no puedes aceptar el perdón de Dios para tu vida?». Fue entonces que realmente entendí todo lo que había leído en la Biblia, pero que no podía aceptarlo para mí. ¡Era el perdón de Dios! ¡La gracia de Dios! ¡El amor de Dios por mí! Entre lágrimas dije: «¡Gracias!».

La clave para superar los efectos paralizadores del pecado y el mundo de culpabilidad y autocompasión que suele acompañarlo, es entrar en el perdón de Dios y aceptar su amor incondicional y su misericordia como una realidad en tu vida.

Fue un peso que se quitó de mis hombros. El Espíritu Santo era bien palpable en ese lugar, y yo no quería abrir mis ojos. No quería que ese momento de dulce entrega en la presencia de Dios terminara y no terminó. Me acompañó a casa, y a través de toda la noche, me quedé despierta en adoración y oración. Mi corazón se desbordaba de gozo. Sentada a la orilla de mi cama, puse mi mano sobre ella e imaginé a Jesús ahí conmigo. Era mi amigo, mi Salvador, y no me había olvidado. Aunque todavía estaba divorciada, sin trabajo y desplazada, no estaba sola.

Los sacrificios que tú quieres son el espíritu quebrantado; tú, Dios mío, no desprecias al corazón contrito y humillado.

—SALMO 51:17, RVC

David fue libre de la culpabilidad de su transgresión no debido al sacrificio, sino por su corazón contrito. Se humilló delante de Dios sabiendo que no era digno de su gracia. David no podía cambiar lo que había hecho, el daño era final y nada podía hacer que fuera diferente. El veredicto se había pronunciado y lo habían hallado culpable respecto a todos los cargos. Había un precio que tenía que pagar, pero al rendirse ante la misericordia de un Dios todopoderoso, había encontrado perdón donde debiera haber habido una sentencia de muerte. En vez de sentir de Dios el rechazo, recibió un abrazo. Dios mismo dijo que David era un hombre conforme a su corazón. Al leer el Salmo 51, se vislumbra algo del espíritu quebrantado y el corazón contrito de David. Se percibe en sus palabras un arrepentimiento honesto y un remordimiento profundo por lo que había hecho. Ese tipo de espíritu mueve la mano de Dios. Mueve su mano para salvar, sanar y restaurar.

SEGURA EN EL PERDÓN DE DIOS

Disfrutaba mis conversaciones con Dios. Había comenzado a pedirle con más fervor que sanara las heridas de Ricardo; que suavizara ese corazón que se había convertido en una piedra llena de ira y odio debido a todo el dolor que yo le causé. Continué mis visitas semanales a su casa de noche solo para pararme afuera y orar, declarando sanidad sobre su corazón y que yo, un día, regresaría a mi hogar. Mis oraciones se fortalecieron y mis palabras salían con más autoridad. Ya no era la niña temerosa que pensaba mal, sino la mujer segura en Cristo que había sido perdonada y que no iba a permitir que nadie le restregara los pecados antiguos en la cara otra vez.

Conseguí el valor parar escribirle una carta a Ricardo y en ella le dije cuánto lo amaba y lo que Dios estaba haciendo en mi vida. Había una canción que me bendijo mucho en esos días llamada "He's Been Faithful" [Él ha sido fiel] de Damaris Carbaugh y el Brooklyn Tabernacle Choir. ¡Oh, cuánto esta canción nos había bendecido a mí y mis padres! La fidelidad de Dios era tan obvia en todo esto. Le daba gracias a Él por todo lo que tenía. Aunque era poco, le di gracias en la tristeza y en los tiempos buenos también.

Después de dejar esta carta en su puerta no oí nada de él, y de veras no esperaba una respuesta. Sencillamente sentí en mi corazón decirle al hombre con quien había estado casada que todavía lo amaba y lo extrañaba muchísimo. Ya no era para pedirle disculpas, sino hablarle simplemente del corazón lo que era mi realidad. También le estaba dejando saber que visitaría la iglesia (después de no ir por varios meses).

Ese domingo llegó y yo estaba tan emocionada y nerviosa, porque al fin había conseguido las fuerzas y el valor para ir a la iglesia y ver a Ricardo dirigir la alabanza una vez más. ¡Oh, cuánto extrañaba eso! Lo que una vez me había parecido una carga se había convertido en algo que anhelaba ver. Siempre supe que Dios usaba a Ricardo en el canto y pude sentirlo tan pronto como mi madre y yo entramos en la iglesia esa mañana. Nos sentamos en la segunda planta donde pensaba que nadie se daría cuenta de mí y comencé a llorar. Estaba tan abrumada por la emoción de estar ahí. Me dolía mucho al mirar y querer tanto que mis viejos amigos me vinieran a saludar, pero nadie se nos acercaba.

El tiempo de adoración había terminado y comenzaron a recibir las ofrendas y hacer los anuncios. Creía que la participación de Ricardo había terminado, pero dijo:

«Tengo una canción que quiero compartir esta mañana, que ha sido una bendición para mi vida. Se titula "Él ha sido fiel". ¡No podía creer lo que había oído! Ricardo estaba cantando la canción que yo le había mencionado en mi carta esa semana. Él la había buscado, comprado la pista musical, y se la había aprendido. ¿Era un regalo para mí? ¿Me estaba tratando de decir algo? Las lágrimas corrían por mi cara y sentí el valor para levantar mis manos y alabar a Dios, porque su fidelidad era mucho más de lo que yo podía comprender, más de lo que yo merecía, y mi corazón se desbordaba de tanta emoción. *"Oh, tu fidelidad, cada mañana la veo en mí, grande Señor es tu fidelidad".*

Nuestras miradas se encontraron desde la distancia y lentamente él apartó su vista. Había tanto que quería decirle y compartirle a mi viejo amigo. Quería hablarle de todas las historias bíblicas que mi papá me había enseñado y todas mis caminatas en la mañana con Jesús a mi lado. Pero todas esas conversaciones tendrían que esperar, porque el corazón de Ricardo estaba lejos de estar listo para oír lo que Dios estaba haciendo en mi corazón, o así pensaba yo.

Pasaron las semanas y ni una palabra de Ricardo, pero no dejé de pedirle a Dios que sanara su corazón. Éramos cuatro pidiendo con fervor: mi mamá, mi papá, su prima Rachel, quien nunca dejó de hablarle del perdón y dejarle saber lo que Dios estaba haciendo en mí, y yo. Rachel es una mujer pequeña, animada, con un corazón grande y amable, a quien le estoy eternamente agradecida por tenerla en mi vida. Ella había tomado la resolución, sin importarle lo molesto que Ricardo se pusiera, de hablarle sobre el poder de Dios para sanar y restaurar. Dios guardaba silencio, pero eso solo me decía que todavía estaba obrando. Yo seguía confiando en Él para todo.

"HABLEMOS"

Una noche estaba orando profundamente cuando el teléfono sonó. Oí a alguien tocar la puerta de mi habitación, y la voz de mi madre decir: «Es Ricardo en el teléfono. ¡Quiere hablar contigo!». Escuché a mi padre bajarse de la cama y correr a mi puerta. Querían saber lo que estaba pasando. Había transcurrido tanto tiempo sin una palabra de él. Para bien o para mal, estábamos listos.

Contesté el teléfono y dije:

—Hola.

—¿Cómo estás? —dijo él.

Respondí de una forma agradable, pero breve.

—¿Puedes pasar por la librería? Quiero hablar contigo a solas —me preguntó.

Mi corazón latía fuerte. Quería verme a solas. ¿Me insultaría otra vez? ¿Me gritaría como lo hizo durante los primeros días de este desastre? Pausé y recordé que yo le había dicho a Dios que confiaba en Él, y le contesté a Ricardo que sí, que estaría ahí enseguida.

Hablé con mis padres dejándoles saber que me llevaría el carro para encontrarme con Ricardo en la librería y les pedí que intercedieran. Me vestí y le pedí a Dios que el Espíritu Santo fuera delante de mí. Sabía que no podía aparecerme ahí sola.

Ya era la medianoche cuando llegué por lo que él quitó el seguro de la puerta para dejarme entrar. Me saludó y me pidió que entrara. No había regresado a la librería en mucho tiempo. Era doloroso estar ahí, pero sabía que Dios estaba a mi lado. Nos sentamos en el piso y charlamos un poco acerca de la tienda y todo el trabajo que se requiere para atenderla. Sabía muy bien todo lo que se tenía que hacer para mantener a los clientes felices y las cosas andando sin problemas, y que no era una tarea fácil.

Después de esa charla inicial, fue directo a las preguntas difíciles de por qué había hecho lo que le hice a nuestro matrimonio. ¿Qué me había hecho apartarme del hogar? Aunque traté de responder con franqueza y ser lo más transparente posible, su rostro no podía esconder la desilusión y la frustración. De veras no había una respuesta suficientemente buena para lo que yo había hecho, y nunca la habría. Creo que, en ese momento, él lo entendió. Era desgarrador ver cómo él quería saber las razones; por qué hablar ahora de lo que había pasado en vez de haberlo hecho meses atrás cuando me arrodillé delante de él para confesarle mis indiscreciones. Habían pasado meses y un divorcio para que él llegara al punto de querer oír lo que yo tenía que decir. ¡Si tan solo nos pudiéramos haber dado tiempo el uno al otro sin correr a divorciarnos!

Pero aquí estábamos, sentados en el piso de la tienda, en la oscuridad y el silencio. Lo miré a través de mis lágrimas y vi que las lágrimas corrían por su cara también. Le supliqué a Dios en mi interior que confortara su corazón y le trajera un bien merecido descanso a sus pensamientos atormentadores constantes. Después de un silencio largo e incómodo, me preguntó cómo estaba mi vida espiritual, cómo me sentía acerca de mí misma después de todo lo ocurrido. ¡Estaba ansiosa por contarle acerca de mi nueva relación con Jesús, mi amigo y compañero constante!

Cuando comencé a compartirle todas esas historias acerca de los personajes bíblicos que había aprendido con mi papá y estudiado a profundidad, su rostro comenzó a cambiar. Ya no era sombrío y mostraba algo de alegría por lo que estaba oyendo. Es increíble cómo podemos oír las mismas historias bíblicas una y otra vez sin saber cómo aplicarlas a nuestras vidas. No es hasta que estamos pasando por conflictos en nuestra vida que las cosas se aclaran y las palabras de Dios toman prioridad en nuestra vida diaria, si es que lo permitimos.

Ricardo podía ver claramente que yo había abierto mi corazón a la Palabra de Dios y que ya no era la misma mujer que él conocía. Mi corazón arrepentido y mi actitud contrita me habían permitido captar de nuevo su atención. Esa persona que había pecado y había sentido el deseo de terminar su vida ya no estaba ahí. Mis palabras eran seguras y llenas de afirmación. Podía ver claramente a Cristo en mí. Ya yo no era la misma.

> *Manténganse, pues, firmes en la libertad con que Cristo nos hizo libres, y no se sometan otra vez al yugo de la esclavitud.*
> —GÁLATAS 5:1, RVC

Me preguntó acerca de mi familia y lo que pensaba de él y la actitud áspera que él había mostrado hacia mí y ellos. Mi padre había tratado varias veces de hablar con él y solo había recibido palabras airadas de Ricardo, así que él quería saber lo que pensaban mis padres. Mis padres entendían muy bien todo el dolor y la ira que él estaba viviendo y nunca guardaron malos sentimientos hacia él. El amor y la admiración que ellos sentían hacia Ricardo seguían siendo profundamente arraigados.

Esa noche pareció durar más de lo que pensábamos y se convirtió en un regalo musical para mí al poder oír las canciones que eran y habían sido de bendición a su vida en ese momento. Siempre tuvimos una conexión musical desde el primer día y eso me encantaba. Nuestros gustos musicales tenían un amplio rango. Aunque estábamos compartiendo, él se cuidó mucho de no dejar que me acercara. Yo entendí y mantuve la distancia, pero constantemente declaraba en mi mente lo que Dios me había dicho en Jeremías 15:19.

NO PIERDAS LA ESPERANZA

Había pasado casi un mes de haber tenido esa conversación, y me fue duro lidiar con el silencio subsiguiente, porque anhelaba saber cómo estaba tanto emocional como físicamente. Había perdido mucho peso y yo estaba preocupada por su salud. Me arriesgué y llamé a su prima Rachel que vivía en la casa de su madre para ese tiempo. Gracias a Dios, ella fue la que contestó el teléfono. Me dejó saber que su madre y abuela habían preguntado por mí y que estaban preocupadas por la manera en que todo esto me estaba afectando. Me aseguró que no tenían nada en contra mía y que solo querían verme feliz otra vez. Ellas estaban orando por mí, pero no se comunicaban conmigo porque respetaban los pensamientos de su hijo y la posición que había tomado de divorciarse. En general, fue un tiempo incómodo para todos.

Le pregunté por Ricardo y le conté acerca de la noche cuando me invitó a la librería, pero ella ya lo sabía porque él se lo había dicho. Entonces pronunció las palabras que yo había querido oír tantísimo: «Susi, él todavía te quiere. No pierdas la esperanza. No dejes de orar. Dios está haciendo algo, porque él está diferente. Debes estar haciendo algo bien, porque hemos visto un cambio grande». Todas esas noches de declarar y proclamar la restauración sobre nuestro matrimonio así en la tierra como en el cielo, las muchas veces que me desperté al despuntar el alba para conducir a algún culto de oración donde las personas buscaban la presencia del Señor, estaban logrando algo en el corazón de Ricardo y mío. Asistía a esos cultos procurando mover la mano de Dios con mi adoración y mis súplicas fervientes, y era claro que Dios estaba escuchando.

Los ojos de Jehová están sobre los justos,
Y atentos sus oídos al clamor de ellos.

—SALMO 34:15, RV60

Para ese tiempo, Ricardo se retiró de la iglesia que por muchos años había sido su hogar y ahora estaba atendiendo la librería él mismo a tiempo completo. Llegó la época de la Navidad y este siempre era el tiempo de más venta en la librería. Su prima me dejó saber que estaba bien ocupado en el trabajo. Yo estaba desesperada por verlo otra vez. Extrañaba a mi esposo y amigo. Me había acostumbrado a estar sola ya que no confiaba en nadie, con la excepción de mis familiares más cercanos. Pero, ay, cómo extrañaba a Ricardo.

Esa Navidad fue para mí un tiempo muy triste y solitario. Todo el mundo estaba de compras y preparando las cenas en sus hogares. El tráfico se intensificó y podías ver que la gente estaba alegre, y ¿por qué no? La Navidad siempre había traído gozo a nuestras vidas. Ricardo y yo ya teníamos nuestras tradiciones en los cuatro años de matrimonio para esa hermosa época del año, y él siempre trataba de comprarme las cosas que estaban en mi lista de deseos. Sin duda, era un tiempo para reflexionar en el año y todas las cosas buenas y malas que habían pasado. Así que, por supuesto, mi mente se desbocaba con pensamientos y el anhelo por mi hogar. Extrañaba tener mi propio lugar, mi cama y mi armario. Deseaba mi sofá y poder cocinarle a Ricardo de nuevo. Me senté pensando en todas las comidas que quería prepararle y sí, me atreví a pensar en las muchas veces que habíamos hablado de tener hijos. Él quería dos y yo quería uno. Hablamos de nombres y como lucirían.

Llegó la Nochebuena con su atmósfera melancólica, y sabía que tenía que aferrarme a Jesús y todo lo que había aprendido y experimentado en Él hasta este punto. Me negué a dejarme hundir en un pozo de autocompasión. Hice lo que pude, sin recursos, sin amigos y sin alguien que me acompañara. Oré y adoré a mi Padre celestial. Nunca hubo un momento de desilusión en su presencia y siempre me levantaba bien refrescada. A pesar de lo poco que tenía en la casa de mis padres, sabía que tenía amor y salud, y eso solo venía de arriba. Estaba agradecida. Acostada en mi cama, en silencio, le deseé a Ricardo una feliz Navidad dondequiera que estuviera, y le dije que lo amaba como lo hacía cada día desde el día que nos separamos.

El día de Navidad recibí una llamada de Ricardo. Traté de actuar tranquila, pero estaba segura que él podía notar que estaba muy emocionada, y el anhelo de mi corazón de oír su voz fue demasiado para mí y comencé a llorar cuando me preguntó cómo me había ido. ¿Qué pude decir sino la verdad? «Te extrañé muchísimo».

Hubo un largo silencio y oí su voz temblar al decir: «¿Qué dirías si te invitara a ir conmigo y con mi familia a Disney World para fin de año?». Las lágrimas me corrían por la cara. No podía hablar por el nudo enorme que tenía en la garganta. *¿Me había imaginado lo que acababa de escuchar? ¿Podría ser real?* No le contesté y lo dijo otra vez. Cerré los ojos y le di gracias a Dios por su fidelidad. Me llené de valor y le dije: «¡Claro que me gustaría ir!».

Yo no había estado con su familia desde que todo esto había explotado y tenía muchas dudas en cuanto a cómo ellos reaccionarían, pero él lo percibió rápidamente y calmó mis temores. Ellos estaban contentos de que me estuviera invitando.

SE CIERRA EL CÍRCULO

El día llegó y mis padres estaban bien emocionados. Me dejaron en la casa de su madre y él me invitó a salir a caminar antes de entrar a la casa. Caminamos a un canal cercano sin apenas decir una palabra. Pero cuando nos paramos frente al lago, tomó mi cara en sus manos y la tocó como un ciego lo hace para estudiar las facciones de alguien. Estaba memorizando mi cara, cada curva y detalle, mientras las lágrimas corrían por su rostro. Nuestros ojos se encontraron y me dijo: «Te he extrañado tanto, Susi». No hay palabras que puedan describir nuestro abrazo. El anhelo de nuestros corazones era muy aparente en ese momento y sabíamos que teníamos que estar juntos, a pesar de lo que alguien pudiera decir, sin importar los papeles que se habían firmado o registrado. Lo que Dios juntó, no lo separe el hombre. Era un milagro y el cumplimiento de la Palabra de Dios.

Después de perderlo todo, y de pasar por el peor periodo de la vida que alguien pudiera imaginar, el círculo se había cerrado y estaba de nuevo parada delante del hombre que amaba y quien yo sabía que me amaba con todo su corazón. En ese momento, no pude evitar reflexionar en el poder de la oración. No hay nada imposible para nuestro Dios, no importa cuán lejos te hayas ido o cuán oscura parezca la noche. Si hay un corazón dispuesto que se alinee con la voluntad de Dios, hay una salida.

Su familia estaba nerviosa al principio y su madre me llevó a un lado para hablar de lo que había pasado. Esperaba una suegra cubana enojada, pero más bien encontré una suegra que tomó su tiempo para escuchar y hablarme palabras de vida y amor cuando menos lo esperaba. Su abuela fue más reservada, pero muy cordial. Yo sabía que tenía que demostrarle quién yo era y que nunca más volvería a herir a su querido nieto.

Nuestro tiempo en el Reino Mágico no fue nada menos que mágico. Ricardo me tomó de la mano y sonreímos como dos chicos enamorados. Todo fue bello, incluso las largas líneas para montar las atracciones en el lugar más feliz de la tierra. Estaba viendo de primera mano el poder de la oración, cuando todas aquellas noches me paraba frente a su casa proclamando que su corazón se tornaría de uno lleno de ira en uno que latía de nuevo con amor y perdón. Dios me estaba concediendo las peticiones de mi corazón, y sin poder contener mis emociones, comencé a llorar en una de las máquinas. Fue un momento surrealista para los dos, después de estar alejados por tanto tiempo en sufrimiento.

Quisiera decirles que todo regresó a la normalidad después de regresar del viaje, pero no es cierto. Ricardo tenía olas de dolor y confusión que le golpeaban con recuerdos de lo que había pasado, y yo no podía hacerlos desaparecer, no importaba lo que le dijera o hiciera. Tuve que darle tiempo para que sanara. La mano de Dios estaba sobre nosotros, pero tenía que dejar a Dios hacer lo que Él solo hace. Aprendería que esto es un proceso y las cosas toman tiempo. Varias veces, en sus momentos de ira, me pidió que me fuera de la casa. Yo todavía seguía viviendo con mis padres y ellos me veían llegar muy triste, pero nunca derrotada. Sabíamos que teníamos que seguir intercediendo sin importar cuánto tiempo fuera necesario.

Algo que Dios me había dicho claramente durante uno de mis tiempos de oración matutina era que nunca debería permitir que nadie me insultara de nuevo o me recordara mi pecado. Como hija de Dios, debía actuar como una y aceptar por completo el amor y perdón de Dios en mi vida.

DE NOVIOS OTRA VEZ

El tiempo pasó y nos volvimos a acercar, pero esta vez en una etapa de noviazgo. Un día me invitó a la librería para pasar tiempo con él ahí. Fui con un poco de temor. No quería que nadie me viera o me preguntara dónde había estado. Muchas personas ya se habían enterado y estaban bravas conmigo por herir a Ricardo. No podría escaparme de esto y sabía que simplemente tendría que mantener mi cabeza en alto como alguien que había hallado la gracia y el perdón de Dios. Tuve que pedirle a Dios una piel más gruesa y un corazón más fuerte para lidiar con todo lo que vendría. De todas maneras, todo pecado que cometemos debajo del cielo tiene sus consecuencias. Por lo tanto, tenía que enfrentarme a esas consecuencias.

Ricardo me siguió invitando y comenzó a dejarme sola en la librería de nuevo. Su confianza en mí estaba volviendo poco a poco. Quería hacer lo mejor posible en el manejo de la tienda cuando él no estaba. Organizaba la música y los libros en las estanterías, y en mi tiempo libre, disfrutaba mucho leyendo libros.

Un día me estaba sintiendo triste por algo que alguien había dicho acerca de mí y esas palabras me dejaron nuevamente angustiada. Me preguntaba cómo podría alcanzar una vez más esa percepción maravillosa que antes la gente tenía de mí. ¿Cuánto tiempo pasaría para que ellos pudieran ver a una Susi diferente? Le pedí a Dios, con lágrimas corriendo por mi rostro, lo que no le había pedido antes. *¿Por qué había sucedido esto en mi vida? Después de todo,*

¿no había nacido en una iglesia, no fui criada como una cristiana con temor de Dios, y no mantuve mi integridad como mujer hasta el día que me casé con un hombre cristiano? ¿Cómo podría usarme si estaba rota ante los ojos de los demás? Nadie entró a la tienda en esos minutos que me parecieron horas, y comencé a limpiar las estanterías mientras trataba de dejar de llorar, queriendo terminar ese día sombrío. Sabía muy bien que no me podía dejar llevar a ese lugar oscuro de tristeza y amargura, por lo que comencé a adorar. Aprendí durante este tiempo de tener tanto a no tener nada, que estar agradecida era la clave para vivir una vida feliz.

En esos momentos, el hombre de UPS (el repartidor) entró con una orden de libros que Ricardo había puesto para un cliente, y al revisar la orden encontré un libro que se había ordenado por error y lo separé para devolverlo, pero algo me urgía a abrirlo. El título era *Postcards For People Who Hurt* [Postales para personas que están sufriendo] de Claire Cloninger. Lo recogí y lo abrí en la última página, algo que siempre he hecho con todos los libros. Tenía el hábito de comenzar al final. La primera línea captó mi atención: *"Querida hija mía"*. Con solo esa línea ya había comenzado a llorar, y mi corazón latía tanto que me senté para no caerme.

Seguí leyendo.

"Soy el Dios de todo consuelo. Te sostendré en brazos de compasión y te cantaré mi canción sanadora de gracia. Te tocaré las heridas interiores, y en mi temporada perfecta, te levantaré de este lugar de dolor. Pero quiero que sepas que mientras te estoy sanando, también estoy creando dentro de ti un ministerio de sanidad tuyo propio. Porque el yo sanarte es ser

convertida en sanadora. Tú vez, el mismo consuelo
que estoy obrando en tu corazón quebrantado a tra-
vés del poder de mis palabras y el amor de mi pue-
blo es diseñado para que se recicle. Algún día cuando
tu corazón vuelva a ser fuerte, enviaré a alguien a
tu vida que está tan quebrantada como tú lo estás
hoy. Vas a resonar con su dolor. Buscarás en la pro-
fundidad de tu propia sanidad y la amarás de vuelta
a la vida para mí. Que vaso más precioso serás para
mí entonces. ¡Un vaso que una vez fue humillado y
herido, pero que ahora ha sido sanado para ser un
sanador!
    Este es mi plan para ti,
    Dios"[1]

Estaba de rodillas para cuando terminé de leer esto. No
podía contener el llanto. Sabía entonces que Dios tomaría
algo tan feo como lo que había pasado en mi matrimonio
y lo usaría para su gloria, para ayudar a otras personas en
necesidad.

CAPÍTULO 7

HUELE A LLUVIA

por Ricardo Rodríguez

"Huele a lluvia
algo en los cielos se escucha
una tormenta oportuna
sopla respuesta de Dios.
Huele a lluvia
que sacia, restaura, me inunda
tras de esa nube oscura
ya viene mi bendición".

AQUELLAS VACACIONES SE convirtieron en uno de los viajes más memorables para toda la familia. Mi abuela, a quien no le gustaba salir mucho de casa, había decidido ir con nosotros y eso lo hizo aún más especial. Para Susi y yo fue histórico, ya que marcó un antes y un después en nuestra relación. Fueron unos días en los cuales pusimos a un lado nuestro dolor y simplemente nos vimos como dos personas comenzando de nuevo a conocerse. Nos tomamos de la mano una vez más, después de tanto tiempo sin hacerlo, y fue mágico. Compartimos una soda y nos montamos en nuestra atracción favorita sintiéndonos como novios otra vez.

Me imagino que mi familia estaría con los nervios de punta esperando que algo explotara entre los dos, pero no fue así. Estando rodeado de las personas que verdaderamente nos amaban y querían lo mejor para mí y para Susi, nos hizo sentir seguros y llenos de paz. Al principio fue difícil para ella, ya que le era imposible saber cuál sería la reacción del resto de mi familia, pero todos la trataron con cariño y nadie mencionó nada. Era como si nada hubiera pasado. Ese viaje fue un oasis en medio del desierto árido que estábamos atravesando, y nos ayudó a proceder con la temible y dura tarea que nos esperaba al regresar a casa.

UN NUEVO COMIENZO

Hubo muchas altas y bajas en los meses subsecuentes. Como se pueden imaginar, no todo volvió rápidamente a ser como antes. Perdonar era solo el primer paso de la larga jornada que teníamos por delante, pero estábamos encaminados en el plan de Dios y más no podíamos pedir. Les cuento que había días en que no quería ni hablar con ella. Lo sucedido, todavía tan reciente en mi mente, agobiaba mi alma sin cesar, y las olas de rabia llegaban inesperadas y frecuentes.

Recuerdo tantas veces despertándome de noche bañado en un sudor frío, después de haber tenido una de las muchas pesadillas con las que sufría desde entonces. Yo sabía que todo eso era parte del proceso y que no había manera de evitarlo, pero no fue nada fácil. Por otro lado, Susi demostró una paciencia y un aguante admirable. Fueron momentos muy turbulentos para los dos, pero en especial para ella. Y aunque fácilmente podía haber dicho "¡ya basta!", demostró un carácter humilde y pasivo. Es más, cada vez que se enfrentaba a uno de mis episodios de rabia, rápidamente se postraba en oración clamando a Dios por mi corazón herido y por la sanidad interna de aquel mal que me había causado tanto dolor.

Poco a poco empecé a verla diferente. Se me hacía más y más difícil mirarla con desprecio aun en mi enojo y deliberada crueldad. Empecé a darme cuenta que cuando traía a su memoria todo lo me que había hecho, y en mi disgusto, una vez más, le señalaba todos sus errores sin piedad, algo distinto había comenzado a suceder en mi interior que al instante me frenaba en mi lugar. Dios se ponía al frente y no podía continuar. Empecé a ver todo por un filtro que ocultaba el pasado y las transgresiones de mi esposa, revelándome solo un corazón limpio y puro que había sido transformado por su gracia y su perdón. Mi pelea era en vano. Cuando Dios se puso al frente, se acabó la batalla. Él es nuestro abogado y nuestro escudo de protección. Cuando los acusadores llegan a nuestra puerta para señalarnos, Dios se pone al frente como poderoso gigante para defendernos.

Comprobé que el secreto para poder vencer al enemigo no se encuentra en el filo de tu espada ni en el tamaño de tu lanza, ni depende de tu elocuencia o tu conocimiento de la ley. La clave para obtener la victoria frente a cualquier gigante en tu vida está en un simple rendimiento y dejar que Dios pelee por ti. Mientras más yo me levantaba, más Susi se humillaba. Cuando mis palabras eran lanzadas con el propósito de ofender y herir, ella apaciguaba mi ira demostrando templanza y comprensión. Era una estrategia genial y divina, que con el tiempo causó que mi enojo se disipara y mi aprecio por ella aumentara aún más.

La blanda respuesta quita la ira; mas la palabra áspera hace subir el furor.

—Proverbios 15:1, rv60

Una de las cosas que más afecta a las parejas que han experimentado la infidelidad en su matrimonio es la falta de confianza. Es algo sumamente difícil y requiere de tiempo para volver a recuperarla. No se puede fingir ni ocultar, y tiene que ser enfrentado con un esfuerzo sincero y paciencia sin fin.

Mi confianza en Susi había sido rota y fue lo que más se demoró en restaurar. Algo que me ayudó a comenzar de nuevo a creer en su palabra y recuperar una semblanza de normalidad en nuestra relación era que ella nunca salía sola. Siempre tenía con ella a su mamá o papá, aunque fuera solamente a salir a la esquina de su casa. Cuando la confianza se pierde en un matrimonio, el proceso de recuperarla requiere mucha paciencia y estar dispuesto a cambiar la rutina que antes era normal y aceptable. Cuando se han sufrido mentiras, traiciones y ha existido la falta de transparencia en una relación, no se puede esperar nada menos de la víctima que el no confiar en nada ni nadie. Susi entendía esto desde el principio y no tuvo que repetirse ni enfatizarse mucho.

Así comenzó todo, con pasos lentos pero seguros, y confiando en Dios y en sus promesas para nuestro matrimonio. Estuvimos como novios por un tiempo, ella viviendo en casa de sus padres y yo entre la mía y la de mi madre. Salíamos a menudo y nos comenzamos a conocer de nuevo. Todo esto con mucha cautela, tanto para mi bien como para el de ella.

CAMBIOS NO ESPERADOS

Vivíamos en un mundo muy diferente al actual y nuestro círculo de amistades era muy pequeño. No éramos conocidos, ni existían las redes sociales que hoy en día mantienen a todos conectados. Lo que vivimos en esa etapa de nuestro matrimonio sucedió antes del comienzo de nuestro ministerio, que Dios puso en nuestras manos hace más de 15 años.

En aquel entonces, la iglesia a la cual asistíamos era el centro de nuestras vidas, y allí estuvimos sirviendo fielmente durante muchos años. Era mi zona de comodidad en donde me sentía apreciado por la congregación y encontraba un propósito que llenaba de gozo mi corazón cada domingo cuando ministraba en la adoración. Jamás soñé con salir de allí, dejando atrás mis amistades y todo lo que desde joven había conocido como familia. Mis sueños nunca traspasaron las paredes de aquel templo y no quería imaginarme un mundo en el cual mi iglesia no estuviera en el centro. Pero los planes de Dios eran otros, y aunque no los entendiera, sin duda, eran mejores.

Hasta ese momento, la voluntad de Dios para mi vida había sido servir en la iglesia, y para mí era más que suficiente. Me llenaba de felicidad, y lo hice con gran satisfacción desde mi juventud. Nunca tuve el deseo de viajar, ni de hacer grabaciones por el simple hecho de que le dieran la vuelta al mundo. No soñé con estar en grandes tarimas al frente de multitudes, ni con escuchar aplausos ni gritos. Jamás me pasó por la mente ganar algún premio por un proyecto que hubiera hecho o alguna composición que hubiera escrito. Suena extraño, lo sé, pero vivía tan ocupado con lo que tenía al frente que nada de eso tenía importancia para mí. No lo digo porque piense que es malo soñar, ni porque no es válido establecer metas y luchar con todo por obtenerlas. Simplemente lo digo porque no debemos descartar el presente que Dios nos ha regalado por vivir en un futuro que no se ha revelado. Cada día es un regalo de Dios y hay que apreciarlo como tal.

En los años de ministerio he tenido el privilegio de aconsejar a jóvenes que anhelan servir a Dios con sus talentos. Veo sus ojos ilusionados por ser grandes adoradores y por lograr llegar a la cima de la popularidad. Anhelan ganar premios y ser reconocidos por su esfuerzo, y he visto cómo trabajan arduamente para alcanzar sus sueños. Se esmeran preparando cada faceta de su ministerio, organizando hasta el último detalle con el fin de poder ser relevantes, y un día estar en las tarimas importantes. En mis conversaciones con ellos siempre les digo lo mismo:

- Sé fiel a Dios en lo poco, y en lo mucho te pondrá.
- Nunca te compares con los demás, cada quien tiene algo diferente e importante que ofrecer.
- Espera que Dios sea quien abra las puertas.
- No tengas miedo a fracasar; se aprende más de los fracasos que de las victorias.
- Y lo más importante, hemos sido llamados a servir y el siervo busca siempre hacer la voluntad del Amo. Las bendiciones de Dios llegan cuando estás en su voluntad.

En aquel momento, mi felicidad era vivir una vida de rutina y sin complicaciones, escondido detrás de aquel piano, dirigiendo la alabanza en mi iglesia local, y si no hubiera sido por todo lo que sucedió, honestamente pienso que todavía estuviera allí. Vuelvo a reiterar que los planes de Dios no siempre se alinean con los de uno, pero siempre son mejores.

Después de todo lo sucedido entre Susi y yo todavía tenía muchas inquietudes, pero habíamos decidido intentar salvar nuestra relación de matrimonio. Eso era lo más importante y se convirtió en nuestra prioridad. Pero también empecé a darme cuenta que existía la posibilidad de que mi mundo tendría que cambiar radicalmente para que eso fuera posible. Que tal vez no podía volver a la misma rutina y a la zona de comodidad que por tanto tiempo me sirvieron como refugio.

Cuando me enteré que solo una persona de la iglesia había llamado a Susi durante esa etapa tan difícil, y que nadie de aquellos que considerábamos nuestros amigos la habían buscado para saber de ella, ni mucho menos habían hecho el intento de ir a visitarla y estar con ella cuando más necesitaba ayuda, me dolió mucho. Esas cosas estaban fuera de mi control, y cada cual hace conforme a su conciencia y sus convicciones. Pero eso me dejó un mal sabor en la boca al ver cómo la habían tratado. Yo había sido la víctima en todo este asunto, y tenía motivos para estar enojado, pero con todo y eso no entendía cómo le dieron la espalda tan fácilmente.

Aunque ya Dios estaba hablando a mi corazón de hacer un movimiento radical, se me hacía difícil soltar lo que había sido tan valioso por tanto tiempo. El momento decisivo llegó cuando un día, después de haber estado compartiendo como novios Susi y yo por algunas semanas, fuimos invitados a cenar a casa de una pareja de la iglesia, que con reservas aceptamos. Motivados con la ilusión de compartir con personas que nos conocían desde que nos casamos, y esperanzados en que nos apoyaran en esta importante y milagrosa decisión de volver a intentarlo, llegamos a su casa felices. Rápido se nos fue esa ilusión y nos sorprendimos con la dura realidad de que no estaban de acuerdo con nuestra unión. Nos dieron varias razones, las cuales para nosotros estaban fuera de todo lo que conocíamos como el carácter restaurador de Dios, y nos dejaron saber que, en su opinión, nuestra reconciliación había sido muy apresurada. Fueron directos y claros con sus palabras, y nosotros al principio, perplejos y sin saber ni qué pensar, con respeto le dijimos que no estábamos de acuerdo. No hubo discusión y nadie alzó la voz. Fue una noche común y normal como cualquiera, con la excepción de que nunca llegó aquella bendición que tanto anhelábamos recibir de nuestros amigos.

Ellos nunca entendieron lo difícil que había sido para mí y para Susi llegar hasta donde habíamos llegado: de sentarnos a su mesa y abrir nuestro corazón, de considerar lo imposible y abrazar lo sobrenatural. Es más, el simple hecho de estar juntos esa noche cenando con ellos, después de todo lo que habíamos vivido, era en sí un milagro. No les cabía en la mente que lo que estaban viendo esa noche al frente de ellos no tenía explicación, no se podía analizar usando razonamiento humano, porque no eran cosas humanas, eran cosas de Dios.

Esa noche, sentados en el auto rumbo a casa, Susi y yo llegamos a la conclusión de que lo que íbamos a emprender sería algo que no iba a ser aceptado fácilmente. Las cosas de Dios a veces no tienen sentido, no se pueden analizar, y se salen fuera de lo que consideramos "normal". Pero, si es de Dios es para nuestro bien. Sintiéndonos bastante decepcionados y tristes por nuestro encuentro con aquellas amistades, reafirmamos nuestro compromiso de uno hacia el otro, prometiendo mirar hacia adelante aunque quedáramos solo ella y yo.

Todavía estábamos cerca de la casa en la cual habíamos compartido esa noche, cuando tuve que detener el vehículo en un semáforo para esperar la luz verde. Allí sucedió algo que nos puso atentos a la magnitud de nuestra decisión. Después de unos minutos, la luz cambió y solté el pie del freno para proceder a nuestro destino. El auto comenzó a moverse hacia adelante, pero inexplicablemente me dio con volver a frenar. En ese momento exacto, un camión yendo a alta velocidad pasó a centímetros por delante de nuestro vehículo. Se había pasado la luz roja. Fue tan rápido que no tuve tiempo de reaccionar, pero al instante nos dimos cuenta que Dios nos había librado de la misma muerte. Por una fracción de segundos, nuestra historia pudiera haber sido diferente. En un abrir y cerrar de ojos todo hubiera terminado y el plan de Dios para nuestras vidas quedaría sepultado. Pero su Palabra dice: *"El ángel de Jehová acampa alrededor de los que le temen, y los defiende"* (Salmo 34:7, RV60). Ya estaba en efecto el plan de Dios para nuestras vidas, y aunque el enemigo intentara destruirlo, nada ni nadie lo podría detener.

NUEVAS PRIORIDADES Y OPORTUNIDADES

Las puertas que Dios abre representan oportunidades para llevarte al cumplimiento de su propósito. Son aperturas por las cuales podemos vislumbrar las posibilidades que existen cuando caminamos en fe. Pero, para obtener los resultados deseados, tenemos que cambiar nuestra postura de brazos cruzados, modificar nuestra manera de pensar y tomar pasos hacia adelante, entrando por esas puertas dispuestos a abrazar lo desconocido.

El tiempo había llegado de cambiar prioridades y romper con esquemas, de salir de la zona de comodidad y caminar en fe bajo un nuevo propósito el cual Dios ya nos tenía preparado. Me di cuenta que el lugar en donde nos congregábamos no era el mejor para nosotros ser restaurados; que tendríamos que dejar atrás todo lo cercano y conocido y abrazar lo diferente y distante; que tendríamos que caminar en fe y confiar en Dios. Para mí no fue fácil, ya que era en donde tenía a todas mis amistades y donde había servido por muchos años. Pero hacer lo correcto y lo que Dios requiere no siempre es el camino más fácil.

Después de esa noche, uniendo nuestros corazones aún más, Susi y yo decidimos que tendríamos que rodearnos de personas que nos darían apoyo y estarían de nuestro lado durante esa jornada bien cuesta arriba. Pensamos que eso sería lo mejor para los dos. Eliminamos todo aquello que sentíamos no iba aportar nada positivo a nuestras vidas. No se envió un correo masivo, ni textos, dejándoles saber a la gente lo que habíamos decidido. Tampoco hubo reunión para cortar con las relaciones, ni fiesta de despedida. Fue algo que sucedió por sí mismo, ya que los que nos amaban se dejaban sentir, y los demás desaparecieron por su propia cuenta. Parecía como si fuera ella y yo contra el mundo, pero en verdad era Dios, ella y yo contra el mundo.

Aquellos no fueron los únicos momentos incómodos que atravesamos, hubo muchos otros más. Después de un tiempo, Susi comenzó a visitar la librería y me ayudaba a atenderla cuando necesitaba algún apoyo. Años atrás, Dios la usaba para traer palabra de aliento y esperanza a muchas personas que entraban por las puertas de esa tienda. Así que para mí fue doloroso ver cómo algunos clientes, quienes antes habían sido tan amigables y a quienes Susi había ayudado y dado buenos consejos, de pronto no querían saber de ella. Cuando entraban pedían que yo les atendiera y claramente se veía el juicio en sus ojos. Dondequiera que íbamos nos encontrábamos con personas que sabían lo que había sucedido y le daban miradas de desprecio a Susi. Ahora yo estaba a su lado y lo que ella recibía era como si me lo dieran a mí también. Nada de eso era aceptable.

Por consiguiente, la librería se convirtió en una carga para los dos. Ya no era aquel sitio en donde uno podía ministrar y ayudar a personas necesitadas. Había perdido el brillo que tenía cuando primeramente la abrimos con tanto entusiasmo y expectativa. Pero, ¿cómo le hacía si era mi única fuente de ingreso? Al dejar mis cargos en la iglesia, dejé también mi salario que era la mayor parte de mi ingreso. La librería servía más como ministerio sin fines de lucro que otra cosa. No era un negocio muy lucrativo, aunque le pusimos empeño y pasión.

Ahora esa librería era lo único que quedaba para ayudarnos a cubrir las cuentas, y no era suficiente. Teníamos que hacer algo o perderíamos todo. Susi me había cedido la casa en el divorcio, pero años antes habíamos sacado una hipoteca para invertir en la librería, y eso nos puso en una situación económica bastante difícil. Tendría que hacer algo drástico para sobrevivir y, una vez más, poner mi ego a un lado.

Lo primero que sucedió fue que un amigo, a quien le había interesado la librería, se me acercó con una oferta de compra. No fue mucho, pero suficiente para poder salir de ella y comenzar de nuevo, esta vez viviendo totalmente por fe. Ya no había nada en lo cual yo pudiera descansar. No existía el salario semanal de la iglesia, no teníamos la librería, y a Ricardo Rodríguez se le acabaron las ideas. Ahora le tocaría a Dios. Por dos años, este amigo estuvo pagándonos la librería, y ese pago mensual fue parte de nuestro sostén económico hasta que el plan de Dios llegara a realizarse en su totalidad. Hasta el día de hoy, le doy gracias a Dios por él, por dejarse usar y por ser parte del propósito de Dios para nuestras vidas. La venta de nuestro negocio aún no era suficiente para subsistir, así que los cambios continuarían.

Se me ocurrió la idea de alquilar mi casa, y en verdad no había otra alternativa. Con lo que me entraría de allí, junto con la venta de la librería, podía cubrir los gastos mensuales y así quedar a flote por un tiempo más. Si antes contábamos los centavos para sobrevivir, ahora el cinturón tendría que apretarse a lo máximo.

Decidido, hablamos con algunos familiares y resultó que una de las tías de Susi estaba buscando en dónde vivir. Ella fue a ver la casa y enseguida la quiso alquilar. Ahora solo quedaba ver dónde iba a vivir yo. Dios bendiga a las madres. Le conté a mi mamá la situación en la cual me encontraba y me dijo que con gusto podía regresar a su casa a vivir con ella. Volver a vivir en casa de mi madre fue algo vergonzoso y humillante. Después de independizarme, de ser dueño de un negocio y director de alabanza en una de las iglesias más grandes de Miami, después de vivir en mi propia casa y sentirme realizado como hombre, volví a aquel humilde cuarto que, en mi adolescencia, había sido mi escondite.

Sabático no planeado

Mi vida había tomado un giro de 180 grados. Parecía que solo daba pasos hacia atrás, que nada salía bien a mi favor, pero todo estaba dentro del plan de Dios. Era parte del proceso de moldear mi carácter, de cambiar las características de mi corazón y prepararme para la bendición que habría de venir. Perderlo todo me humilló, pero también me hizo depender de su gracia y favor. Mis pasos ya no serían guiados por mi propia sabiduría ni mi capacidad de ser un buen administrador. No podía tener un plan B, una barca en la orilla de la playa por si el plan de Dios no funcionaba. Tendría que depositar mi confianza por completo en Él, y de una vez por todas caminar en fe. Ahora estaba yo de nuevo en casa de mi madre y Susi viviendo con sus padres. Era un reinicio total de nuestras vidas, pero comenzaríamos esta vez siguiendo el camino que Dios había trazado.

Por primera vez en mi vida, me encontré sin nada que hacer el domingo. No tenía iglesia, y sinceramente después de servir por tantos años y fielmente dar todo lo que tenía en una sola, necesitaba el descanso. Desde los doce años de edad tuve algún cargo en la iglesia, y con mucha responsabilidad y respeto los asumí. Primero, como pianista de una pequeña congregación en mi adolescencia, y al final, como director musical al frente de una gran congregación, siendo ya un hombre casado. Mi tiempo, mi talento y mi pasión fueron puestos al servicio de Dios desde muy joven y fui fiel hasta el final.

Sin embargo, me sentía cansado y muy agotado emocionalmente. La iglesia se había convertido en prioridad por encima de mi bienestar y mi matrimonio. El tiempo que había dedicado diciendo presente cada vez que mi nombre era mencionado, era tiempo que mi esposa nunca disfrutaría conmigo. La pasión que cada día ponía para ser un excelente adorador y salmista le restaba a aquella pasión que Susi tanto había necesitado de mí. Estaba convencido de que las cosas iban a cambiar. Decidí que era el momento de tomar un sabático y por primera vez en mi vida desconectarme y trabajar en mi relación con Susi.

Al principio me sentía súper extraño al levantarme el domingo y no tener a dónde ir, pero vivir sin esas responsabilidades, ni agenda, me daban un sentido de libertad que nunca antes había experimentado. Susi y yo comenzamos a dar largos viajes a solas y aprovechar ese tiempo para conocernos una vez más. Habíamos sufrido tanto que el poder despejarnos y salir de la rutina de nuestro mundo nos hizo mucho bien. Estaba claro en nuestros corazones que existía la necesidad de recibir palabra y compartir con otros de nuestra fe. Y también sabíamos que con el tiempo y la ayuda de Dios volveríamos a encontrar un lugar dónde asistir. Pero, después de todo lo que habíamos vivido, necesitábamos ese receso, y lo disfrutamos. De vez en cuando visitábamos la iglesia de mi madre cuando queríamos sentir un poco de ese calor humano, pero no era muy frecuente.

Dios fue paciente con nosotros y nunca nos sentimos fuera de su gracia y amor. Aprendí que yo no tenía que cantar ni dirigir la alabanza para que Él me amara. Que podía sacar tiempo para disfrutar la vida sin sentirme culpable o endeudado. Era otro nivel de relación la que estaba experimentando y cambió mi manera de pensar para siempre. Él nunca quería mi talento, no necesitaba mis capacidades, ni mi lealtad al ministerio. No me iba amar más por estar todo el día en la iglesia, ni por sacrificar mis sueños y a mi familia. Él quería simplemente compartir conmigo. Quería ser mi amigo, alguien con quien yo pudiera reír y llorar, compartir mis inquietudes y mis aspiraciones, y abrirle el corazón sin temor al reproche. No importaba dónde yo fuera, Dios siempre estaría a mi lado.

Todavía estábamos atravesando ese desierto duro y cruel que nos golpeaba sin piedad física, espiritual y emocionalmente. Había días buenos y otros bastante difíciles. A veces nos parecía que dábamos un paso adelante y tres hacia atrás. Pero el aroma de lluvia se sentía en el aire, y a la distancia, una nube de bendición rápidamente se acercaba.

Comenzamos a visitar a un consejero matrimonial, quien nos fue de mucha bendición. Era alguien fuera de nuestro círculo que no nos conocía, pero lo más importante fue que era creyente. Sopló palabra de vida a nuestra relación con su sabiduría, y a mí personalmente, me ayudó mucho a cómo controlar la ira con la cual todavía estaba luchando.

Susi y yo queríamos estar juntos, y luchamos contra viento y marea para lograrlo. Pusimos a un lado nuestros amigos, familiares, negocios y todo lo demás que fuera de estorbo, para restaurar lo que habíamos perdido. No fue fácil, no fue rápido y no fue barato, pero sí valió el sacrificio. Como todo en la vida, sabíamos que para recibir grandes resultados no podíamos dar esfuerzos mediocres. Era todo o nada, y nadie nos quitaría esa victoria. Todo lo que teníamos que hacer para lograr alcanzar la meta, estábamos dispuestos a hacerlo.

CAPÍTULO 8

SIGO CANTANDO

por Ricardo Rodríguez

"Yo sigo cantando,
porque tú eres el Dios de milagros.
Soberano y fiel,
en mi vida el Rey y Señor".

"Te doy mi alabanza
pues de ti viene mi esperanza.
Si hoy me toca perder
yo no pido un porqué.
Señor, sea tu voluntad,
mi vida en tus manos está".

ALGO POR LO cual le doy muchas gracias a Dios, y con cada día que pasa viviendo en paz y felicidad ha tomado más importancia, es la fe que mi madre y abuela sembraron en mí desde niño. Me criaron con el temor de Dios y la certeza de que Él no falla. Que no importaba la situación ni lo difícil del problema, Él era la primera y única opción. Esa semilla sembrada dio su fruto en el momento que más lo necesitaba. Lo que viví fácilmente pudiera haber sido una sentencia de muerte, o por lo menos destruido mi estado emocional para siempre. Las drogas, el alcohol o el acudir a relaciones no saludables ni aprobadas por Dios pudieron haber sido mi escape durante ese desierto de mi vida. Es muy común, y en verdad cuando estaba en mi peor momento, tragándome esas lágrimas amargas y sintiéndome despreciado por Susi, entendí el porqué muchos caen en esas trampas. Pero, cada vez que sentía alguna motivación de usar la crisis que estaba atravesando como excusa para probar algo diferente y aliviar así mi dolor, me acordaba de las palabras de mi madre y sus consejos sabios.

No usé ninguna de esas alternativas que diariamente estaban a mi disposición. Nunca formaron parte del proceso de alcanzar la restauración y sanidad de mis sentimientos, mi corazón y, finalmente, mi matrimonio. Crucé el desierto con la ayuda de Dios y las oraciones y enseñanzas de mi madre y mi abuela.

Instruye al niño en su camino, y aun cuando fuere viejo no se apartará de él.
—PROVERBIOS 22:6, RV60

SURGEN LAS LETRAS DE MIS CANCIONES

Mis primeros intentos escribiendo canciones fueron cuando formaba parte del grupo Nuevavida. Todo surgió como un reto de uno de los integrantes, ya que hacíamos solamente *"covers"* (canciones de otras personas) en esa época. Pero queríamos algo fresco y nuevo que nos identificara como una agrupación relevante. Tenía 17 años y nunca había intentado escribir nada, pero con todo y eso fui designado como la mejor opción dentro del grupo para hacerlo.

Recuerdo que la primera canción que sometí fue una titulada "Guiado por la luz". La presenté en un ensayo y allí rápido le hicimos los arreglos. La reacción de los muchachos fue muy positiva y eso me motivó a seguir componiendo. La segunda fue "De parte de Jesús". Esta canción causó algo diferente que nunca había experimentado, tanto durante el proceso de escribirla como cuando por primera vez se las canté a los muchachos. Pude ver en sus rostros sorprendidos una sonrisa, y por primera vez admiración al escuchar este tema. Un dato importante es que, al principio de la formación de Nuevavida, yo no era el cantante oficial del grupo. En muchas ocasiones, durante los ensayos, ponía un micrófono en el piano y a escondidas intentaba acompañar al cantante principal con una segunda voz. Los resultados nunca fueron muy buenos. La respuesta inmediata del director siempre era: «Concéntrate en el piano y deja el micrófono tranquilo». Así que, cuando sentí esa aprobación de ellos al escuchar mis canciones, me sentí aceptado y motivado para proceder. Encontré mi vocación. Siempre aquel joven penoso con un miedo paralizador de hablar en público, y ahora aquel que tenía plataforma para compartir lo que sentía en su corazón. Era maravilloso.

Componer se convirtió en una pasión inigualable que abarcaba todo mi tiempo. En esa época que formé parte del grupo Nuevavida nacieron muchos temas como: "El viaje", "Espera en mí", "Quién sino Jesús", "Una voz", "Amigo fiel" y, claro, "De parte de Jesús". Un total de tres grabaciones y veinticuatro canciones.

Sin embargo, cuando me casé con Susi y comencé a trabajar en la iglesia local, puse a un lado este talento que Dios me había dado. Pensaba que iba a ser algo temporero, pero mis prioridades cambiaron, y el tiempo y la pasión que necesitaba para escribir nunca regresaron. Pasaron muchos años sin yo volver a grabar o escribir algo significativo. No fue hasta que mi vida, que iba a 200 kilómetros por hora, chocó contra la pared del fracaso de mi matrimonio que, entonces, todo cambió. Ahora me encontraba sin trabajo y viviendo de nuevo con mi madre. En esa triste situación, el piano y la composición volvieron a tomar un lugar de importancia en mi vida. En vez de estar desquitándome el despecho en un club los fines de semana, o de perderme en un mundo de drogas o alcohol para evitar enfrentar mi dolor, yo me escondía en la música y la poesía. Eran mis drogas preferidas.

Recuerdo que cuando teníamos la librería, había un cuarto pequeño en la parte de atrás donde pasaba horas escondido componiendo melodías y líricas. Era un sitio en donde cabía solo yo y un piano eléctrico. No era lujoso ni estaba lleno de equipos sofisticados, pero allí estaba Dios. Allí Él me hablaba, fue el lugar en donde volví a sentirme conectado con esa pasión que por años me había traído tanta felicidad. Una vez más, era parte de su plan perfecto. Sin embargo, al vender la librería, la sala de la casa de mi madre ahora se había convertido en mi escondite de inspiración.

Fue en esos dos lugares donde nacieron muchas de las canciones que hoy en día tantos conocen y que han impactado la vida de miles. Lo hacía porque me era mi pasión, porque me servía de aliento y calmaba mi enojo; pero más que todo, porque necesitaba sentirme cerca de Dios y escuchar su voz hablando a mi corazón. Si les digo que en esos meses nacieron canciones como: "Queda Cristo", "Como la primera vez", "Sigo cantando" y "Quizás hoy", tal vez no me lo creerían; pero así fue. Cada uno de esos temas, y eran muchos, reflejaban mi corazón y lo que en ese momento estaba viviendo en mi caminar con Dios. Cada línea narraba la fidelidad, el amor y el perdón de Dios, demostrándome su poder restaurador y maestría de lo imposible.

Al obedecer a Dios y tomar la decisión de perdonar a Susi, sentí que una fuente de inspiración se desbordó sobre mí. Dios me tomó como lápiz en su mano y comenzó a depositar su corazón en el mío. Era algo que me despertaba de noche y me inspiraba de día. Recuerdo una de esas noches, ya de madrugada, escuchar a alguien hablándole a mi ser. A través de los años, Dios siempre me había despertado de noche con melodías y letras, y ya conocía su voz. Eran como las tres de la mañana cuando escuché claramente a Dios decirme: «Sigue cantando». De pronto, las letras de una canción que no existía y que jamás había escuchado fue susurrada a mi oído:

"Yo sigo cantando,
porque tú eres el Dios de milagros.
Soberano y fiel,
en mi vida el Rey y Señor".

"Te doy mi alabanza
pues de ti viene mi esperanza.
Si hoy me toca perder
yo no pido un porqué.
Señor, sea tu voluntad,
mi vida en tus manos está".

Me conmovió profundamente al escucharla. Era una letra increíble junto a una bella melodía y tenía que buscar rápidamente dónde escribirla. Sabía que si no la ponía en papel se me iba a olvidar. No existían teléfonos inteligentes ni Ipads en ese tiempo, no tenía una grabadora para guardar esta joya que Dios me estaba regalando. Así que abrí la gaveta de la mesa de noche al lado de mi cama y a tientas tomé lo primero que mis manos sintieron como papel. Medio dormido y tratando de no olvidar ni una frase, comencé rápidamente a escribir detrás de ese papel. Al finalizar, lo guardé y puse mi cabeza en la almohada para tratar de agarrar el sueño de nuevo.

Al otro día, cuando me desperté, lo primero que hice fue buscar el papel en donde estaban las letras que me habían sido enviadas desde el cielo. Cuando lo tomé, ¡no podía creerlo! ¡Había escrito la canción en los papeles de divorcio! Los mismos que tanto dolor me habían causado. El simbolismo que encierra escribir la canción "Sigo cantando" detrás de mis papeles de divorcio todavía me conmueve el alma. Por un lado, estaba la sentencia de muerte de mi matrimonio; por el otro, la esperanza de un hombre que no se rendía ante tal sentencia, y que demostraba con su alabanza que Dios sigue siendo Dios, y que aun en el momento más obscuro de su vida, cuando todo decía lo contrario, Él podía hacer un milagro. En ese instante pude ver que Dios no iba a desperdiciar nada, y que aun de nuestras cenizas, ¡Él iba a sacar algo precioso! Solo era el comienzo, pero cada paso era maravilloso y prometedor. Algo nuevo estaba derramando Dios sobre mí que, sin duda, cambiaría mi destino.

VIENE LA PROVISIÓN DE CAMINO

No paraba de escribir en esa época de mi vida. Una canción tras otra nacía en un periodo de semanas y sabía que Dios estaba detrás de cada una de ellas. Lo hacía sin el fin de compartirlas en vivo y sin ninguna promesa de algún día grabarlas. Era simplemente la manera en que podía desahogarme y compartir con Dios lo que mi corazón sentía.

En ese entonces, las únicas personas que escuchaban mis canciones eran Susi y un amigo llamado Isaac Hernández. Ellos eran mis filtros cuando salía alguna inspiración y yo necesitaba palabras de afirmación. Susi siempre me decía que eran bellas y que tenía que grabarlas. Nunca me dijo una palabra negativa referente a mi música y siempre estaba dispuesta a escuchar todo lo que se me ocurría, aunque a veces yo sentía que era tonto. Desde el principio demostró más fe en mí que yo mismo. Me inspiraba a seguir componiendo y a no pensar que esas canciones eran solo para mí. No estaba pensando en grabar, ya que lo que tenía no me alcanzaba ni para la mitad de una canción.

A Isaac lo conocí cuando yo estaba en el grupo años atrás. Él era, y sigue siendo, un gran productor musical, y realmente lo considero como el hermano que nunca tuve. Siempre existía un gran respeto hacia él desde que comenzamos a trabajar juntos en la primera grabación de Nuevavida y nos hicimos buenos amigos. Algo que supo hacer conmigo fue sembrar esas palabras motivadoras cuando más las necesitaba. En el estudio me animaba a ir más allá de mis limitaciones vocales; para él yo no tenía limitaciones. Me enseñó a creer en mi talento y confiar en la capacidad que Dios había depositado en mí como cantante y compositor. Sus consejos siempre fueron sabios y alentadores, pero a la vez me confrontaba siendo sincero conmigo. Con él aprendí que los amigos verdaderos no te esconden la verdad, te dicen las cosas tal y como son, y con ello demuestran su verdadero aprecio por ti.

Siempre me decía que yo tenía un talento impresionante y podía cantar cualquier cosa, que no le tuviera miedo a probar géneros diferentes, pero que nunca dejara de ser quién soy. Fue un fiel creyente de mi talento desde el principio y terminó siendo un fiel amigo hasta el día de hoy. Cada vez que le enviaba una canción nueva, buscando su opinión, era una aventura. A veces dolorosas, pero nunca sin dirección. De vez en cuando lo sorprendía con algo que lo dejaba sin palabras. Una de esas veces sucedió con la canción "Quizás hoy". Recuerdo que estábamos en el estudio de grabación trabajando un proyecto para otro cantante. (Yo trabajé con él muchos coros para otros ministerios durante esa etapa). De pronto le digo: «Tengo algo nuevo y quisiera tu opinión». Comencé a cantarle la canción a capela, y al terminar lo vi silencioso. Con ansias le pregunté: «¿Qué te parece?». Pero no pudo hablar. Percibí las lágrimas en sus ojos y no tuve que preguntarle más: era un éxito.

Así han pasado varias veces durante los años que hemos trabajado juntos. Después de Susi, Isaac es la primera persona que escucha lo que Dios me da. Él ha sido el productor de los temas más importantes de mi ministerio y, con su talento, ha hecho posible que mis canciones logren alcanzar el nivel de excelencia y profesionalismo que siempre anhelaba tener. Ha formado parte de todas las producciones que hasta el día de hoy he tenido el privilegio de grabar.

Cuando estaba contemplando mi futuro y considerando los próximos pasos a tomar, no solo con mi matrimonio sino con mi carrera, le presenté las canciones que tenía y le compartí mi deseo de volver a grabar. Claro que no le dije que no tenía dinero, eso lo dejé para el final, pero al escuchar los temas escritos, me dijo: «El tiempo es ahora, las canciones están increíbles y tienes que compartirlas con el mundo». Eran las palabras que necesitaba escuchar. Me dijo que conocía a un sello disquero, el cual estaba buscando firmar a un nuevo talento y que me iba a recomendar. ¿Sería posible que después de todo lo que había sufrido, esto fuera a suceder? Tendría que esperar dos años más para recibir la respuesta a esa pregunta.

Mientras el sello disquero tomaba su tiempo para decidir a quién firmar, Dios me habló claramente y me dijo: «Haz lo mejor que puedas con lo que tienes». A veces ponemos tantos obstáculos y excusas, basado en lo que nuestros ojos ven, que terminamos obstaculizando el propósito de Dios. Se nos olvida que servimos a un Dios que requiere fe para que su mano se mueva. Se nos olvida que Él anhela glorificarse en nuestra escasez. Que Él fue quien multiplicó los cinco panes y dos peces para que una multitud comiera. Que Él fue quien tornó el agua en vino en las bodas de Caná y que Él no permitió que el aceite de la viuda de Sarepta se acabara. Él sigue siendo el mismo Dios sobrenatural que hoy quiere hacer un milagro en tu vida.

SEGUNDAS NUPCIAS

Susi y yo comenzamos a vernos más a menudo. Cada día que pasaba nos alejaba más del pasado triste y nos acercaba al cumplimiento de la promesa de Dios. Después de un año de noviazgo y consejería matrimonial, sentí en mi corazón que el tiempo era correcto. Un día, tomando sus manos entre las mías, le hice la pregunta que ella tanto había anhelado escuchar: «¿Y si comenzamos de nuevo?». Me miró con lágrimas en sus ojos, y me dijo: «Contigo hasta la muerte».

No hubo muchos invitados ni una gran fiesta; nadie nos trajo regalos, y la simple ceremonia no tuvo mucha preparación. Pero, sin duda, ese día fue uno de los mejores días de nuestras vidas. Estando allí frente a frente, los dos mirando hacia adelante con corazones esperanzados, pudimos entender el gran poder que tiene el arrepentimiento cuando se encuentra con el perdón. Era un nuevo comienzo, otro nivel de relación y también de ministerio. Con la ayuda de Dios, no miraríamos atrás, estando seguros que lo mejor estaba por venir.

Seguíamos viviendo entre la casa de mi madre y la de mis suegros. Habíamos alquilado nuestra casa y todavía no estaba disponible, pero nuestra familia se comportó de maravillas, abriéndonos sus puertas sin cuestionar y sin poner pretextos. Mientras tanto, yo resolvía económicamente trabajando de vez en cuando como corista en estudios locales. Tuve la oportunidad de hacer coros para varios artistas seculares y trabajar con músicos y productores increíbles. El ingreso ayudaba, pero yo sabía que Dios tenía algo diferente para mí. Esa etapa la vi como una preparación para lo que vendría. No cabe duda que trabajar con coristas de ese nivel me ayudó mucho en mi propia técnica vocal y a tener más confianza y seguridad como cantante, pero era solo una temporada, una que muy pronto terminaría.

Mi mundo, aunque todavía pequeño, cuidadosamente se había expandido y con el tiempo logré depositar mi confianza una vez más en los que me rodeaban. Nunca nos faltó nada económicamente y la mano de Dios siempre estuvo a nuestro lado, pero les miento si les digo que fue fácil. Vivíamos día a día esperando y confiando en la provisión de Dios y atravesamos momentos de aprietos financieros, pero Dios nunca nos falló.

SURGE UN NUEVO MINISTERIO COMO SOLISTA

Aunque usaba mi voz en los estudios de Miami constantemente, llevaba mucho tiempo sin cantar al frente de una congregación o públicamente. Un día recibo una llamada de un amigo con quien llevaba muchos años sin comunicarme. Me preguntó cómo estaba y le dije que todo iba bien. No le mencioné nada de lo que había ocurrido entre Susi y yo por razones obvias. Me dijo que estaba preparando un concierto en su ciudad y que quería que yo fuera la persona que abriera el evento. Quedé sorprendido. No sabía qué decirle. Yo no era solista, ni tenía grabación para estar haciendo presentaciones, es más, a mí, nadie me conocía y él no ganaba nada con tenerme abriendo su concierto. Nos habíamos conocido cuando yo estaba con el grupo Nuevavida, y aunque no nos comunicábamos a menudo, se había creado un mutuo respeto y linda amistad entre ambos. Yo sabía quién era él, y que podía invitar fácilmente a cualquier persona para ser parte de su gran evento.

Lo primero que salió de mi boca fue la pregunta: «¿Por qué yo?». Para mí, no tenía sentido. Él solo me respondió con estas palabras: «Estuve orando y Dios puso en mi corazón que tú eras la persona para abrir mi concierto. Así que decídete ya, que Dios está esperando tu respuesta». ¡Guau! Esto era algo sobrenatural, una oportunidad dada por Dios que no podía desechar. Con temor en mi voz, le dije que sí, que lo haría, sin saber aún cuáles canciones iba a interpretar. Él me sugirió que cantara las canciones de Nuevavida, aquellas que a él le habían ministrado tanto, y en especial me pidió su favorita, "Espera en mí".

Esa fue mi primera experiencia cantando como solista: Pararme en la tarima sin nadie a mi lado y saliendo por fin de mi zona de comodidad. Ahí pude ver el plan de Dios comenzando a desarrollarse. Puedo decir con certeza que ese viaje marcó un antes y un después en mi vida ministerial. Aquel amigo se llama René González, y ese fue mi primer viaje como salmista a la bella isla de Puerto Rico. El concierto fue el lanzamiento de su producción, "Entraré a Jerusalén", y para mí, tuvo un significado profundo y espiritual. René sigue siendo uno de mis mejores amigos hasta el día de hoy. He conocido a personas que me han impresionado con su talento y habilidad, con su manera de convocar fácilmente a multitudes y conmover a las masas, pero también hay otras que detrás del telón han marcado mi vida de una manera más profunda, simplemente con su carácter y transparencia. René siempre ha sido una de esas personas para mí. Le doy gracias a Dios por su vida y por ministros como él, que sin envidia ni egoísmo comparten con otros la bendición de Dios.

No mucho después de ese viaje, nos llamaron de El Salvador para ministrar en una de las iglesias más influyentes del país. Igual me quedé sorprendido. ¿Por qué no habían llegado esas invitaciones antes? ¿Cómo puede ser que ahora cuando más me hace falta es que estos hermanos me están llamando? Yo no lo buscaba, no tenía disco, ni nadie me conocía, pero Dios es impresionante en su manera de hacer las cosas, y conmigo se pasó. La Iglesia Elim de San Salvador quería que yo participara en sus seis servicios dominicales, en donde asistían alrededor de 6000 congregantes en cada servicio. Es decir, cantaría ante 36 000 personas en un solo día. Yo solo había participado en un concierto como solista apenas unas semanas antes. Ahora me pedían que adorara a Dios en un país desconocido en donde miles estarían presentes. Igual les pregunté: «¿Por qué yo?». (Esa era mi pregunta favorita del momento). Me dejaron saber que la música de Nuevavida por años había sido de mucha bendición para la congregación, y que para ellos sería un honor que el cantante principal y compositor de temas como: "El viaje", "Espera en mí", y "De parte de Jesús", pudiera compartirlas entre ellos. Acepté, y les dejé saber que serían dos boletos de avión.

Estos hermanos de Elim nos demostraron un amor y aprecio que realmente nos conmovió. Susi y yo necesitábamos ese cariño, y estoy seguro que Dios nos llevó allí con el fin de ser bendecidos por ellos. Compartí las canciones de Nuevavida que por tantos años no había cantado, y fue emocionante el escuchar a toda una multitud cantarlas conmigo. Nunca había experimentado algo similar. De igual manera, Susi fue bendecida, y por primera vez junto conmigo, se dio cuenta de que esto sería de ahí en adelante parte de nuestras vidas; que iríamos juntos a las naciones con el fin de compartir nuestra historia de perdón y restauración. Nuestros amigos de Elim han sido parte de este ministerio, y siempre estaremos agradecidos a ellos por dejarse usar por Dios al hacernos aquella primera invitación, y por las muchas otras subsiguientes hasta el día de hoy.

El viaje a Puerto Rico con René y nuestra visita a El Salvador, me motivaron en gran manera a grabar. Pude ver claramente en esos momentos lo que Dios tenía para mí, y al regresar a casa empecé a prepararme para volver al estudio. Ya tenía las canciones, el mejor productor para trabajar los temas, y la luz verde de Dios para proceder. Solo faltaba el dinero. Isaac me propuso una idea, a la que me opuse al principio. No era secreto para él que yo no tenía presupuesto para hacer el disco compacto que mis canciones necesitaban. Así que, en vez de esperar a que me firmara un sello para grabar el disco que quería, me sugirió hacer un proyecto de coros del ayer. Sería algo económico y fácil de producir, algo que se podía hacer rápido y me serviría para cualquier otra invitación que pudiera aparecer. Con la ayuda de Dios, más adelante grabaría el disco de mis sueños y aquellas canciones que con tanto amor había escrito.

No me gustaba la idea para nada. En verdad, no era un concepto nuevo. Años atrás, había producido un proyecto similar para una iglesia. No quería volver a repetir lo mismo musicalmente hablando. Lo sentía como algo anticuado y no relevante con los tiempos en que vivíamos. Mi deseo era grabar canciones originales, y ahora me estaban hablando de grabar coros que yo cantaba desde pequeño en la iglesia. Lo consideraba humillante. Además, mi estilo era más balada pop y grabar música tropical sería algo demasiado extraño para mí. ¿Qué dirían los demás que estaban grabando cosas modernas? ¿Y qué de los que son excelentes en el género tropical? Le di como una decena de excusas, pero al final, Dios me iba a dar una buena lección en humildad y obediencia.

En la escuela de la distribución

Poniendo mi ego a un lado, Isaac y yo entramos al estudio a grabar. En 1999 lancé las primeras dos producciones de "Alabanzas del pueblo—Vol. 1 y 2", y aunque al principio me había opuesto a grabar esos proyectos, el proceso cambió mi manera de pensar. Fue una experiencia maravillosa. Primero, el volver a trabajar con Isaac después de tantos años me hizo bien e interpretar esos coros que habían sido una parte tan importante de mi juventud, convirtieron esa grabación en una de las experiencias que más he disfrutado en el estudio. Fue maravilloso.

Por otro lado, nunca había distribuido música, y al principio lo veía increíblemente difícil. Recuerdo el día en que Susi y yo fuimos a recoger todo el material que habíamos reproducido, y lo inseguros y aterrorizados que nos sentíamos. Era una inversión que en verdad no sé ni cómo la hicimos, pero ya estaba hecha y ahora había que darle frente. Llegando a casa, pusimos todas las cajas en la oficina, y cuando terminamos, me asusté al ver esa montaña insuperable de producto. ¿Qué había hecho? ¿Cómo le haría para vender toda esa música? ¡No tenía idea!

En ese momento me acordé de todo lo que había sucedido en esa misma oficina más de un año atrás. Vino a mi memoria el momento en que recibí la terrible noticia de mi esposa, y cómo salí destruido y sin esperanza aquella noche pensando que todo había terminado. Allí murieron nuestros sueños e ilusiones, y cualquier esperanza de vivir feliz como marido y mujer. Allí comenzaron las noches sin dormir; toda la angustia, ira y vergüenza que Susi y yo habíamos sufrido. Ese cuarto representaba el peor momento de nuestro matrimonio, pero después de todo lo vivido, después de atravesar esa indescriptible situación, allí estábamos juntos por la gracia de Dios, una vez más, contemplando nuestro futuro. Sabíamos que si Dios había hecho este milagro en nuestro matrimonio, no había montaña de cajas que impidiera las bendiciones que habrían de venir. Dios no nos había traído hasta allí solo para fracasar.

Así que, con corazones agradecidos, levantamos esta oración: "Señor, aquí estamos, por tu misericordia y tu poder restaurador, unidos, en pie, porque tú así lo has querido. Te damos gracias por lo que hasta aquí has hecho, y por lo que sabemos que harás. Estos proyectos son tuyos, así como nuestras vidas son tuyas. Haz con ellos conforme a tu voluntad. Glorifícate en cada canción, y bendice a todo aquel que las escucha y con ello decide sembrar en este ministerio que apenas estamos comenzando".

Al día siguiente, llamé a varios distribuidores en Puerto Rico que Isaac conocía y que me había recomendado. Pronto estábamos enviando muestras de las producciones a todos a ver si les interesaba. Mientras tanto, solo nos quedaba esperar y confiar. Para nuestra sorpresa y desilusión, solamente uno respondió positivamente. Él se llamaba Benjamín Vega. Cuando llamó nos dijo que le había gustado el concepto de los coros y la manera de interpretarlos. Inmediatamente nos hizo un pequeño pedido, prometiéndonos que iba a promoverlo en la radio en Puerto Rico y que pronto nos volvería a llamar. Pasaron un par de semanas, y nada. Cada vez que sonaba el teléfono, el corazón nos saltaba. Recuerdo que al pasar por la oficina y ver nuestra inversión, sentía como si la montaña de cajas se estaba burlando de mí. Pero nuestra fe no había disminuido y confiábamos que Dios tenía todo bajo control.

A la tercera semana entró la llamada tan esperada. ¡Benjamín necesitaba más música! Una semana después, llamó otro distribuidor, quien al principio no quería el producto, y también hizo un pedido. Días después, el teléfono no paraba de sonar. No podíamos creer lo que estaba pasando. En menos de dos meses, esa montaña había desaparecido. Dios se había glorificado en una manera increíble y me había dado otra lección que hasta el sol de hoy aplico a mi vida. Tu fe te llevará más allá de lo que tus recursos y capacidades pueden imaginarse.

Entre todas las producciones que hasta el día de hoy he lanzado, la serie de "Alabanzas del pueblo (Vol. 1–5)" sigue siendo una de las más solicitadas. Esas humildes grabaciones que se hicieron con escasos recursos, pero con mucho amor, han tocado las vidas de millones de personas, y fueron las que Dios usó para ayudar a saldar todas nuestras deudas. En seis meses logramos lo que en cuatro años nunca se pudo lograr: Vivir sin deudas y sin el estrés económico que tantos problemas nos había causado. Yo había puesto mi talento a un lado por miedo a fracasar. Quería algo seguro e intenté con mi sabiduría y mi propia fuerza lograr esa seguridad financiera para mi familia, pero nunca llegó. Cuando me rendí a la voluntad y al perfecto plan de Dios, y puse el temor a un lado, al instante se abrieron las puertas de los cielos y la bendición comenzó a caer. No tuve que pelear por ella, llegó sola. No dejé mi llamado ni mi talento para poder alcanzarla, con ser yo mismo fue suficiente. No hubo estrategias de mercadeo ni planes sofisticados de venta. Simplemente, obedecer a su palabra, caminar en su voluntad y rendirme a lo que originalmente fui diseñado a hacer. Así se logró en muy poco tiempo lo que nunca habíamos alcanzado. Jamás imaginé que era solo el principio de lo que Dios tenía preparado de antemano.

Muchas veces, para que la bendición pueda llegar a nuestras vidas, Dios espera a que todo recurso, toda provisión terrenal y toda idea humana se hayan agotado. En ese momento, cuando mirando a nuestro alrededor no existe ninguna otra alternativa, Él comienza a derramar maná del cielo y se manifiesta en nuestras vidas como Jehová Jireh, nuestro proveedor. Lo hace así con el fin de que miremos hacia arriba, reconociendo que no ha sido por nuestras fuerzas, sino por su poder y para su gloria.

SE EXPANDE EL MINISTERIO A OTRO NIVEL

No mucho tiempo después llegó la oportunidad que por dos años habíamos estado esperando: la oferta de firmar con un sello disquero que nos ayudaría a producir y grabar las canciones que con tanto sacrificio había escrito. Emocionados y con gran expectativa, entramos al estudio y comenzamos a desarrollar las ideas que iban a hacer sonar mis canciones como siempre había soñado. Isaac, siendo el maestro que es, le puso el cariño y empeño que necesitaban y, mientras pasábamos días en el estudio trabajando cada detalle de cada tema, empecé a darme cuenta que había algo especial en este proyecto. Cada canción mostraba un pedazo de mi corazón, un reflejo de lo que había vivido y gracias a Dios e Isaac logramos captar ese sentimiento en la grabación. A veces, con lágrimas en los ojos y nudos en la garganta, pero siempre con gran pasión y esmero, llegamos al final. Cuando terminamos la grabación, estábamos seguros de que algo grande iba a suceder con ella.

El disco "Mi deseo" salió en el año 2000 bajo el sello Word Music, y con ese lanzamiento pudimos ver otro sueño realizado. Se convirtió rápidamente en el disco compacto más vendido del sello Word para ese año, y pudimos ver el favor de Dios y su gracia en cada paso que dábamos. No mucho tiempo después del lanzamiento del disco, se presentó el video oficial de "Quizás hoy", y allí todo cambió.

Experimentar el impacto de ese video en tantas vidas, viendo las lágrimas derramadas de miles de personas a través de los años, me ha llenado de satisfacción, y siempre me trae a la memoria la promesa de Dios para mí aquella noche cuando escribí la canción. Con cada lágrima que yo derramé en ese momento tan difícil al ser procesado y pulido, Dios ha quebrantado a innumerables corazones, ha restaurado a padres e hijos, esposas y esposos, y dado esperanza a aquellos que todavía siguen esperando su milagro.

Nunca se me olvidará la primera vez que regresé a Puerto Rico, ya con mi grabación, a un evento masivo que estaba patrocinando la emisora radial Nueva Vida. Ellos tuvieron la gentileza de invitarme a ser parte de ese gran evento y me sentí honrado de compartir la tarima con grandes ministerios los cuales yo tanto admiraba. Recuerdo que canté al principio del programa y logré mostrar el video a la multitud presente. La reacción reflejada en sus rostros fue increíble, y al terminar mi participación, le di gracias a Dios por la oportunidad. Me senté atrás para disfrutar el resto del concierto, y estando allí percibí a un señor llorando inconsolablemente, quien se iba acercando a donde yo estaba. Cuando me vio, me preguntó: «¿Fuiste tú quien cantó la canción del padre y el hijo?». Le respondí: «Sí».

Me dijo: «Tú no sabes cómo me ha impactado ese tema. No tienes idea lo que Dios acaba de hacer conmigo. Hoy en la tarde tuve una pelea con mi hijo de quince años, y lo eché de la casa. No me acuerdo ni por qué fue la discusión, pero Dios me confrontó con tu canción, y ahora mismo me voy a buscarlo. Necesito abrazarlo y dejarle saber que le amo».

Esa noche, ese padre, después de haber pagado para estar allí en ese magno evento, decidió que su hijo era más importante que cualquier concierto o ministerio que pudiera estar presenciando. Y siendo conmovido por el espíritu de Dios se fue con un corazón cambiado a reconciliarse con su hijo. ¡Guau! ¿Cómo puede ser que esto haya sucedido? ¿Cómo puede una canción conmover los corazones y hacer reaccionar en forma tan drástica a un padre?

Yo estaba claro que no fue la canción lo que causó el impacto, que no había sido mi voz ni la música detrás de ella. Comprendí que Dios había depositado una unción sobrenatural sobre esas letras y que el precio que se pagó para poder escribirla fue necesario. Ese proceso lo tuve que atravesar para que el mensaje fuera uno vigente y real, primeramente para mí y luego para aquellos que iban a escuchar ese tema. Entendí que hay que ser transparente en todo lo que hacemos como ministros, que no se podía fingir compasión y esperar resultados conmovedores.

Ya nunca más podría escribir una canción simplemente con la intención de vender discos, no encontraría motivación en desarrollar una idea musical solo para que suene en la radio. Cada vez que me acercara al piano para componer algo, mi deseo sería simplemente ser un instrumento en donde esa unción que cambia, transforma y quebranta pudiera ser depositada. Donde el corazón de Dios fuera expuesto en cada letra y con cada movimiento melódico con el fin de que todos conozcan quién es Él.

Si me preguntas ahora, qué cambiaría en ese proceso de mi vida, la respuesta sería: «Nada en absoluto». Yo no entendía el plan, era imposible para mí. Pero Dios sí, y desde el principio, tenía en mente esta canción y muchas más. El dilema era: a quién se las iba a entregar. ¿Quién estaría dispuesto a pagar el precio? ¿A no darse por vencido a mitad de camino, y por fin rendirse ante el perdón y la misericordia? Es solo una canción, cierto, pero detrás de ella existe una historia profunda y real, con rechazos y desprecios, con noches amargas de desesperación y palpable dolor. Sin ello, no podía haber sido escrita.

¡Gloria a Dios por los procesos de la vida, por aquellos desiertos que aparentan ser para destrucción, y las tormentas que arrasan con los sueños e ilusiones, porque en ellos Dios se revela! Él se manifiesta como soberano y poderoso Dios, siempre listo para salvarnos de cualquier situación, no importando la imposibilidad que represente.

CAPÍTULO 9

YO SOY

por Susana Rodríguez

"El Dios de lo inexplicable,
aquel que las puertas abre.
El hacedor de maravillas,
quien tiene el control
Maestro de lo imposible,
que cumple todo lo que dice.
No tengas miedo no desmayes,
el que nunca llega tarde... ya llegó".

SERVIMOS A UN Dios que se deleita en darnos lo mejor, concediéndonos los deseos de nuestros corazones conforme a su perfecta voluntad. Mi deseo de ser madre, aun durante todo este tiempo tumultuoso, había permanecido fiel en mi corazón. Este se intensificó cuando Ricardo y yo comenzamos a recoger los pedazos de nuestras vidas y a poner todo de nuevo en su lugar. Así como lo habíamos hecho años atrás en la reparación de nuestra casa dañada por el huracán, así mismo le pusimos empeño y gran esfuerzo para poder tener nuevamente un hogar feliz y lleno de paz. Fue difícil, a veces doloroso, y tomó su tiempo, pero estaba dando resultados hermosos. Pieza por pieza, comenzamos a reconstruir todo aquello que un día había quedado en cenizas. Podíamos ver claramente la fidelidad y bondad de Dios impulsándonos a nuestra completa restauración con cada paso que tomábamos. Una hora sin llorar ni pelear se convirtió en un día, y luego en una semana, hasta que con la ayuda de Dios y mucha delicadeza, paciencia, terapia y el gran apoyo de nuestros familiares, logramos lo que jamás pensábamos lograr: un hogar lleno de confianza y amor.

El ministerio de Ricardo había comenzado a tomar vuelo, por lo que empezamos a viajar juntos y muy a menudo. Visitamos muchos países y conocimos y compartimos con bellas personas. Al principio fue increíble, y a la vez saludable para mi alma, el poder viajar fuera de nuestra ciudad. Nadie sabía del dolor que mi sonrisa escondía ni de aquella pena oculta que aún permanecía en lo profundo de mi ser. Pero, poco a poco, Dios comenzó a sanarme, y la felicidad tomó nuevamente su lugar en mi corazón.

El pecado te deja con muchas inquietudes y temores, algo con lo cual yo todavía estaba lidiando. Era importante que superara toda esa culpa asociada con mi transgresión para poder sentirme segura de mí misma. Vivir de una maleta y estar viajando por el mundo, compartiendo las responsabilidades del ministerio junto con Ricardo, me ayudó mucho a encontrar mi verdadero propósito y a tener una nueva y clara perspectiva hacia la vida en esos primeros años.

Sin duda, el favor y la bendición de Dios estaban sobre nosotros. Su amor inefable estuvo guiándonos durante esos primeros pasos de nuestro ministerio, y eso nos daba la seguridad de que estábamos dentro su plan perfecto. Evitábamos a toda costa de posicionarnos en territorio vulnerable, buscando mantener siempre el enfoque en nuestra misión de servir a Dios y de vivir en paz y felicidad. Pero nos faltaba algo que con el tiempo se hacía más y más evidente en nuestro hogar: la dicha de ser padres.

EL ANHELO MÁS PROFUNDO

Habíamos derramado tantas lágrimas y sufrido tanto dolor que no queríamos jamás volver a ese lugar de pena y angustia. Aun así, durante los siguientes años, no todo fue perfecto y llegamos a enfrentar varias situaciones difíciles y dolorosas que continuaban probando nuestro amor y compromiso. Comprobé que las batallas nunca cesan, que constantemente hay que vivir con vigilancia y precaución, y que es imprescindible aprender de los errores del pasado para evitar volver a repetirlos. Pero por encima de todo, si hay algo que nuestra historia me enseñó es que el amor todo lo puede. El amor no se limita, no se acaba y sobrepasa toda expectativa cuando se junta con el perdón, la gracia y la misericordia.

Una de las situaciones más difíciles que tuvimos que atravesar como pareja durante ese tiempo fue el no poder tener hijos. Dentro de todos esos giros radicales que nuestro mundo constantemente estaba dando, y con todos los logros y sueños que por la gracia de Dios habíamos podido alcanzar, aún permanecía un vacío que nada ni nadie podía llenar, algo que persistía sin cesar dentro de mi corazón: el profundo anhelo de ser madre.

Los años se iban acumulando, y con ellos las preguntas. ¿Y la duda? La duda iba creciendo cada día más, tanto en mi corazón como en el de Ricardo. Era algo que lenta y silenciosamente iba añadiendo estrés a nuestra relación. Aun así seguíamos aferrados a las promesas de Dios, y ocupándonos fielmente en el ministerio, intentábamos olvidar y negar la mucha falta que nos hacía. Pero nunca dejé de soñar. Soñar con aquel sonido inigualable de la risa de un bebé, con aquel abrazo tierno y sincero, y el amor incondicional que algún día, con la ayuda de Dios, podría demostrarle.

Recuerdo que durante ese tiempo, uno de los primeros viajes que dimos fue al bello país de El Salvador. Allí conocí a una linda mujer de Dios, quien, al igual que yo, nunca había tenido hijos. Le pregunté cómo hacía para poder vivir feliz y sentirse realizada, aun sin poder ser madre. Sus palabras me sorprendieron y me impactaron profundamente. Me dijo: "Soy feliz porque tengo muchos hijos, hijos espirituales. Cuido de ellos con el amor de Dios, ofreciéndoles esperanza, aliento y compasión, hasta que cada uno pueda pararse firme por sí mismo. Lleno mis días y mis noches dándole gracias a Dios por lo que tengo y no me enfoco en lo que me falta".

Su perspectiva era impresionante y me marcó en gran manera. Comprendí que tendría que prepararme para cualquier decisión que Dios hiciera con mi vida referente a ser madre. Tendría que dejar mis sueños en sus manos y estar dispuesta a ser feliz con su propósito y voluntad para nosotros.

Regresé a casa después de ese viaje contemplando lo que me había dicho. ¿Cuál sería mi destino? ¿Qué propósito tendría Dios conmigo? En mi corazón siempre sentí que iba a ser madre, aun sin ver resultados positivos por tanto tiempo. Ricardo y yo habíamos viajado el mundo, conocido a tantas personas, algunos hasta profetizaron sobre nosotros que seríamos padres algún día. Pero ya habían pasado quince años y la ventana se estaba cerrando.

A los 37 años de edad, los doctores, viendo mi situación y el poco tiempo que me iba quedando, comenzaron a darme diferentes opciones para lograr quedar embarazada. Todavía no había hablado con Ricardo respecto a la conversación que tuve con mi amiga en El Salvador ni de lo que los doctores me estaban aconsejando. Antes bien, fui a Dios en oración. Necesitaba hablar con mi Padre celestial y sentir paz antes de tomar cualquier decisión, y mucho menos proceder con cualquier tratamiento.

Entré a mi cuarto de guerra y al cerrar la puerta me dije a mí misma: "De aquí no salgo sin una respuesta de Dios". Mientras oraba, me acordé de Ana y cómo habría sido de intensa la súplica y plegaria ante su Dios por un bebé. Tanto así que la gente pensaba que estaba embriagada. ¿Qué le habrá dicho ella al Padre para que su corazón se conmoviera y le concediera su petición? Pasé muchas horas en esa habitación conversando con Dios, abriéndole mi alma y dándole gracias por lo que había hecho en nosotros, por lo que teníamos, y por lo que iba a venir. Al final, con paz en mi corazón, recibí la respuesta clara y certera que tanto anhelaba: yo sería mamá.

Aunque nos habían diagnosticado con infertilidad inexplicable, aunque los muchos años que pasaron complicaban la situación y aunque la promesa se había tardado en llegar, yo estaba segura que Aquel que nunca llega tarde había llegado para mí esa noche, y mi milagro con Él. Pasaron algunos días, y sin comentarle nada a Ricardo, se me acercó una mañana y me dijo: "Siento en mi corazón, de parte de Dios, intentar médicamente tener hijos. No sé cuál será el proceso, pero deberíamos hablar con el doctor y averiguar qué trámites tendríamos que hacer para lograr nuestro sueño. ¿Qué te parece?". ¡Mi corazón dejó de latir por un instante! Yo le había pedido a Dios que, si era su voluntad, pusiera ese mismo deseo en el corazón de Ricardo. Y ahora, sin yo haberle dicho nada, estaba confirmándolo. Estábamos en común acuerdo para proceder con el tratamiento médico, algo que por años habíamos descartado por considerarlo fuera de nuestro alcance económico. Dios alineó todo, poniendo en nuestras manos los recursos necesarios y preparándonos espiritual, emocional y físicamente para lo que vendría.

Al hablar con nuestro doctor nos dejó saber claramente que no había ninguna garantía de quedar embarazada con el tratamiento. Nos explicó que un gran porcentaje de los matrimonios que intentan el proceso de fecundación in vitro (FIV) tienen que repetirlo varias veces y, aun así, no logran tener hijos. Con todo y eso, Ricardo y yo estábamos convencidos y dispuestos a hacer todo lo posible para lograr nuestro sueño. Recuerdo cuando comencé, sentada en el cuarto de espera conversando con otras pacientes. Todas me decían que no soñara mucho y que tuviera mis esperanzas controladas, ya que muchas de ellas habían tenido que intentarlo numerosas veces. Yo siempre respondía con una sonrisa e internamente con una declaración de fe: "Dios es el maestro de lo imposible y sé que Él cumplirá su promesa en mí".

PREPARÁNDOME PARA EL MILAGRO

Un día, decidí poner mi fe en acción, y llamando a mi papá le hice una propuesta. Lo invité a nuestra casa y fuimos juntos a una habitación la cual siempre había estado vacía. Allí, con sincera ilusión le dije: "Papi, quiero que nos pintes este cuarto, porque de ahora en adelante será el cuarto de nuestro bebé". Nunca se me olvidará su cara, confundida y llena de lástima, y aquellos ojos que esquivaban mi mirada, pero sin querer me decían todo. Él sabía que habíamos estado esperando en vano por tanto tiempo y conocía muy bien de nuestra frustración, así que, al pedirle este favor, me imagino que estaría pensando: *"¿Qué hace esta pobre pintando un cuarto cuando ni si quiera está embarazada?"*. Aun así, queriendo complacer el corazón esperanzado de su hija, comenzó a pintar aquel espacio abandonado. Con lujo y detalle, pasó dos días dándole brocha a cada pared y esquina de aquella habitación, hasta que finalmente la dejó como foto de revista. (Mi padre fue pintor por muchos años). Durante todo el tiempo que estuvo trabajando, guardaba silencio. Pero, sin duda, en su rostro se veía el conflicto y la preocupación.

Mientras tanto, yo continuaba creyéndole a Dios. Cuando mi papá por fin terminó, rápidamente comencé a comprar algunas cosas para mi futuro bebé, llenando aquel cuarto con sueños e ilusiones. Ricardo, caminando en fe, también se envolvió. Un día, llegó a la casa con una cobija pequeña, algo que me hizo llorar incontrolablemente. Pero ya no eran lágrimas de dolor ni angustia, sino de agradecimiento y felicidad. Yo sabía que Dios tenía algo especial para los dos y que, muy pronto, cumpliría su promesa en nuestras vidas.

Habíamos atravesado tanto; los turbulentos mares de pena y angustia, aquellas tormentas de ira y rencor, y aquel terrible y cruel desierto de nuestra separación y divorcio subsecuente. Pero al final, con la ayuda de Dios, estábamos en pie y más fuertes que nunca. El tiempo había llegado, ¡y el milagro sería nuestro!

Por otro lado, el proceso de FIV fue difícil, tanto emocional como físicamente. Tuve que preparar mi mente y mi cuerpo para lo que iba a enfrentar. Pero, sin duda, ya yo estaba determinada, y segura más que nunca de que Dios estaba en el asunto. Lo espiritual también había sido cubierto. Tanto mis oraciones como las de Ricardo, junto con las de nuestros familiares, constantemente tenían todo este increíble y arduo proceso delante del trono de Dios. Durante todos mis exámenes y procedimientos, con cada inyección y todo lo que consistía ese tratamiento complicado, y a veces doloroso, sentía que Dios estaba fielmente a mi lado. Los doctores también hicieron un excelente trabajo calmando mi ansiedad. Ricardo, mi mejor amigo y confidente, no faltó a ninguna de las citas, y sus palabras de apoyo, aliento y fe me dieron las fuerzas necesarias para llegar hasta la meta.

Hubo muchas consultas con el doctor y muchos exámenes, pero en medio de todo eso, yo me la pasaba siempre soñando; soñaba con una niña. Por alguna razón, Dios había puesto en mi corazón que tendría una hija y que se iba a parecer a mí, desde sus largas trenzas hasta su bella sonrisa. Me pasaba los días y las noches hablando con Dios y visualizando cada detalle de su hermosa carita. Era un tiempo maravilloso en nuestras vidas, lleno de muy merecida alegría.

Un día, Ricardo y yo llegamos temprano al consultorio para conversar con el doctor acerca del momento decisivo cuando todo aquel proceso, al cual me había estado sometiendo por varios meses, por fin culminaría. Él nos explicó, con paciencia y detalles precisos, que el próximo día sería el más importante, y que yo tendría que estar muy tranquila y sin ningún estrés para así poder proceder con el último paso del tratamiento. Nos reiteró lo esencial que era el descansar lo más posible la noche anterior y llegar a la clínica con mi mente tranquila y sin ningún afán ni preocupación. ¡Había llegado el momento! ¡Todo estaba listo! El esfuerzo y sacrificio terminaría en tan solo unas horas, y con la ayuda de Dios quedaría por fin embarazada.

Al llegar a casa, una vez más, le presentamos nuestras dudas e inquietudes a Dios en oración, declarando que nuestro hijo o hija le serviría con todo su corazón y que nosotros le guiaríamos, con la ayuda del Espíritu Santo, a vivir una vida santa y separada para Él. Sin embargo, se me hizo casi imposible dormir esa noche, pensado tan solo en el gran día que nos esperaba al amanecer.

LA OPOSICIÓN NO FALTA EN EL
CAMINO A LA BENDICIÓN

Estábamos tan emocionados y ansiosos que llegara aquel momento por el cual habíamos estado esperando tanto, cuando a las 8:30 de la mañana nos despertó un terrible estruendo, algo que nos agarró por completa sorpresa e inmediatamente puso nuestros nervios de punta. Fue un ruido ensordecedor que jamás habíamos escuchado en nuestro hogar, dejando nuestros oídos resonando como si una bomba hubiera sido detonada dentro de la habitación. Yo salí hacia el patio detrás de nuestra residencia sin pensarlo dos veces, mientras Ricardo investigaba el origen de aquella explosión por cada esquina de cada cuarto.

Aun estando yo afuera, asegurándome que nuestras mascotas estaban bien, volvió a escucharse otro estruendo, esta vez más fuerte y cercano que el anterior. Si antes tenía miedo, ahora sentía un terror que me hizo correr a toda prisa hacia donde Ricardo se encontraba. Lo encontré parado frente a una ventana cercana a nuestro dormitorio, señalando hacia un agujero perfectamente redondo en el mismo centro de ella. Rápido me dijo que llamara a las autoridades, porque era claro que alguien estaba disparando a las ventanas de nuestra casa.

En solo minutos, aquella mañana se convirtió, de una tranquila y rutinaria, en una llena de policías y detectives haciéndonos decenas de preguntas e investigando el motivo y el culpable de todo aquel caos. Recuerdo a uno de los agentes, mientras analizaba el agujero en la ventana por donde la bala había entrado, diciéndonos que había sido una escopeta de alto calibre y que tuvimos suerte que la bala le había dado a una viga de metal cambiando su trayectoria a la dirección contraria de nuestra cama. Todo este drama comenzó a sentirse como pesadilla directamente diseñada por satanás para desviar el propósito de Dios en nuestras vidas, algo que ni Ricardo ni yo íbamos a aceptar ligeramente. Aun así, la situación continuaba desarrollándose con fluidez, y después de un breve momento de calma, estando la casa aun llena de agentes de policía, volvió a escucharse un disparo a la distancia. Todos comenzaron a buscar sus chalecos de antibalas y a desplomarse en el piso sacando sus pistolas y buscando a quién disparar. Parecía algo de película, y nosotros en el medio, como reacios protagonistas, haciendo lo que cualquiera hubiera hecho en tal situación: nos tiramos al piso con miedo y afán, y sin chalecos de antibalas. Allí debajo de nuestro piano, abrazados el uno del otro, comencé a llorar. No podía creer que, de todos los días y todas las horas, de miles de casas y aun de tantas ventanas, esto estaba ocurriendo en el día más importante, a la hora más inoportuna, en *nuestra* casa y por la ventana de *nuestra* habitación. ¿Qué pasaría con la cita médica? No había manera de cambiarla. ¿Qué de mi estado emocional y de la paz que tanto necesitaba ese día?

En ese momento, preocupada y con temor en mi corazón, miré a Ricardo buscando alguna respuesta. Él me abrazó aún más fuerte, y con voz calmada y seguridad en sus ojos, me dijo estas palabras: "Tranquila, todo va a estar bien. Esto es, sin duda, un ataque del enemigo, pero sabemos que más fuerte es aquel que está en nosotros, y Él ya nos dio la victoria". Esas palabras me dieron paz y me aseguraron que lo que estábamos haciendo, no solo tenía el respaldo de Dios, sino que sería algo milagroso y espectacular. Tanto así que el diablo estaba luchando a última hora con todo lo que tenía para prevenir el perfecto plan de Dios.

Pasaron lo que parecían horas, cuando al final, uno de los detectives recibió una llamada informándole que habían capturado a un sospechoso con un rifle de alto calibre dando vueltas por el vecindario. Resultó ser que un joven endrogado se había robado un rifle y andaba por el barrio disparando en forma indiscriminada a todo lo que bien le parecía. Entendí en ese momento que nada de lo sucedido esa mañana había sido casualidad, sino puro diseño y asechanza del enemigo. Comprendí que la suerte no tuvo nada que ver con la bala siendo desviada; había sido la mano de Dios protegiéndonos de la muerte. Lo que originalmente fue un plan para desanimarnos y robarnos nuestro sueño, Dios lo había tornado en afirmación y, finalmente, una doble porción de su bendición que sobrepasaría nuestras expectativas.

Llegó al fin el milagro esperado

Rumbo a la cita médica no dejábamos de darle gracias a Dios. Había sido una mañana contraria a todo lo que el doctor había prescrito, pero la última palabra estaba en las manos del Todopoderoso. Al llegar al consultorio, decidimos dejar todo lo ocurrido esa mañana atrás y abrazamos la paz que solo Dios nos podía dar en medio de tan difícil circunstancia; entramos con fe y seguridad. El tratamiento fue relativamente rápido y, en tan solo unas horas, me enviaron a la casa a descansar.

Las semanas siguientes fueron llenas de alegría, sueños e ilusiones, y un poco de incertidumbre esperando el resultado del tratamiento. Me la pasaba sentada en la habitación que mi padre había pintado, visualizando a mi bebé y escuchando su voz decirme: "mamá". Tantos días de las madres que me mantuve sentada cuando en la iglesia llamaban a las madres que tenían más hijos, las de más años y las que eran más jóvenes para que pasaran adelante y recibieran un regalo. Tantas miradas de lástima que recibí a través de los años de amigas, familiares y hasta de personas desconocidas. Y ahora aquí me encontraba esperando mi milagro de parte de Dios. Las posibilidades no estaban a mi favor, pero tenía al Maestro de lo imposible a mi lado, y eso era más que suficiente.

El 27 de julio de 2009 fue un día como cualquier otro. Ricardo y yo fuimos almorzar a un restaurante mejicano. Intentábamos olvidar lo inolvidable y poner a un lado por unos minutos la gran expectativa que nos tenía constantemente viviendo en ansiedad. Yo había estado visitando el consultorio semanalmente para hacerme exámenes de sangre con la esperanza de recibir noticias positivas de nuestro embarazo, pero nada. Ordenamos nuestra comida, y con ella servida ya en la mesa, oramos y le dimos gracias a Dios por su favor, su provisión y por la bendición que estaba por venir. Apenas comenzando a comer, el teléfono sonó. Era un número desconocido, y al responder escuché una voz decirme: "¡Felicidades Susana, vas a ser mamá!". Quedé sin palabras. ¿Será que me imaginé lo que acababa de escuchar? Comencé a llorar, y sin decir nada, le pasé el teléfono a Ricardo. Él, un poco asustado de mi reacción, respondió, e igualmente escuchó aquella voz decirle: "Disculpe, señor Rodríguez, no quise molestarlos. Solo les llamaba para dejarles saber que ¡van a ser padres! ¡Su esposa está embarazada!". Ricardo rápidamente le dio las gracias y colgó. Nos miramos el uno al otro, secándonos las lágrimas y salimos del restaurante con corazones desbordando de alegría.

No recuerdo si pagamos la cuenta, no sé si la comida estaba buena o no, ni tampoco lo que la mesera nos estaba diciendo al salir de allí. Solamente sé que estábamos en las nubes. Ese día en particular, el mundo dejó de existir, nada más importaba, solamente que íbamos a ser padres. Fue algo que jamás olvidaremos. No podía dejar de dar gracias a Dios por lo bueno que había sido con nosotros. Después de todo lo que habíamos vivido, mi padre celestial había inclinado su oído y extendido su mano, así como lo hizo con Ana, para escuchar nuestra plegaria y bendecirnos con esta gran noticia.

Ahora yo, Susana Rodríguez, tendría la oportunidad de ser madre y de enseñarle a mi hijo o hija cómo vivir una vida recta y dentro del plan de Dios. Ahora Ricardo tendría su recompensa y su legado terrenal, y la bendición de mostrarle a su hijo o hija que el amor y perdón todo lo pueden. Luego de 16 años esperando por nuestro milagro, al fin había llegado. Nuestro mundo jamás sería igual. El tiempo de Dios es perfecto. No trabaja conforme a nuestro calendario, sino bajo su plan soberano y perfecto. Él sabía cuál era el momento ideal para derramar tan inmensa bendición y responsabilidad sobre nosotros, y aunque durante el proceso de espera a veces lo cuestionábamos, cuando miramos hacia atrás, no cambiaríamos ni un segundo de su divino tiempo y agenda.

UNA DECISIÓN DIFÍCIL DE TOMAR

Mi embarazo fue maravilloso. No tuve náuseas y eso me hizo muy feliz. Disfrutaba cada instante, y el ver mi barriga crecer fue una de las experiencias más conmovedoras que he tenido en mi vida. A solo unas semanas de quedar embarazada, fuimos al doctor a hacerme un ultrasonido, algo muy común y rutinario. Al comenzar el análisis, la técnica que me atendía hizo una pausa y se excusó, saliendo del cuarto de examen. Ricardo y yo nos miramos confundidos pero confiados. Regresó unos minutos después con otro técnico y los dos se quedaron mirando el monitor de ultrasonido. Se excusaron una vez más y al regresar trajeron al especialista de FIV, quien nos dijo: "Susana y Ricardo, ustedes están esperando *trillizos*". ¡¿Cómo?! No podíamos creer lo que nos estaba diciendo el médico. Nos dijo que había tres corazones latiendo y que estaba embarazada con trillizos. Salieron a consultar con otros especialistas, mientras Ricardo y yo nos quedamos en el cuarto solos mirándonos sin palabras.

El miedo comenzó a rebasar mi corazón y lágrimas brotaron de mis ojos. Me sentí paralizada con esas palabras del doctor, ya que no estábamos preparados para tal noticia. Ricardo rápidamente se dio cuenta de mi estado nervioso y puso sus brazos sobre mí. Esto inmediatamente me dio paz, y al oír su voz decirme: "Tranquila, todo está bajo control; Dios no nos da más de lo que podemos soportar, y Él suplirá todas nuestras necesidades venga lo que venga". Los dos dimos gracias a Dios por esos pequeños ángeles creciendo dentro de mí y los encomendamos a su cuidado.

El especialista entró al cuarto y mi madre con él. Ella estaba contenta al escuchar la gran noticia, pero el doctor tenía algunas cosas que contarnos, las cuales cambiarían ese gozo en temor y duda. Comenzó a explicarnos la delicadeza y fragilidad que conlleva cargar a tres embriones y lo difícil que es llegar a término con ellos. Al presentarnos todas las posibilidades negativas que podían afectar el desarrollo de mis bebés y cómo ponían mi salud en peligro, nos puso delante una decisión imposible para una madre tomar. Algo llamado *reducción selectiva*. Varios factores, incluyendo mi matriz siendo muy pequeña para tres embriones, mi edad y el hecho de que era mi primer embarazo, lo llevaron a esta devastadora conclusión. Me estaba diciendo que tenía que escoger entre el bebé A, B o C, terminando así su vida, para darle oportunidad a los otros dos a crecer y llegar a desarrollarse de manera saludable dentro de mí.

No hubo pausa en la decisión de Ricardo ni la mía. No íbamos a terminar la vida de ninguno de ellos. Era algo inconcebible para dos personas que habían orado y luchado tanto por esta increíble oportunidad, el despojarse de sentimientos y moralidad para descartar la vida de una bella creación de Dios. El doctor nos suplicó que tomáramos una semana para pensarlo y que consideráramos las implicaciones que traería dar a luz tres bebés prematuros con posibles necesidades especiales por el resto de sus vidas. Pero, en verdad, no había nada que pensar. Dios tendría el control. Nos pusimos a orar, y depositando nuestras inquietudes y temores a los pies de Cristo, nos rendimos ante su perfecta voluntad. Estábamos dispuestos a enfrentar cualquier situación, pero esa decisión no era nuestra para tomar. Dios tendría que aliviarnos de esta pesada carga conforme a su plan soberano.

Fue una semana difícil y de mucho afán, y cuando llegamos a la próxima cita médica, estábamos nerviosos de lo que los doctores nos dirían. La decisión y las consecuencias eran nuestras, pero ellos también estaban preocupados. Hicieron otro ultrasonido, pero esta vez encontraron un corazón latiendo un poco más lento que los demás. Me dijeron que me fuera a casa y regresara al otro día para volver hacer el examen. Al regresar nuevamente, buscaron aquel latido de corazón pero no lo hallaron. Dios se había encargado de todo y se llevó a nuestro bebé de nuevo con Él.

En el viaje de regreso a casa no podía dejar de llorar. Sé que era de tan solo semanas, que nunca lo tuve entre mis brazos y jamás oí su voz decirme "mamá", pero sentí en ese momento que una parte de mí se había muerto, y me dolió profundamente. Yo sabía que Dios había obrado conforme a su voluntad, pero, como madre, la pérdida de mi bebé fue angustiosa. Hasta el día de hoy me pregunto si habría sido niño o niña, a quién se habría parecido y cómo hubiera sido tenerlo hoy con nosotros. Pero agradecida, le doy gloria a Dios, y descanso en la promesa de que un día lo conoceré.

UN EMBARAZO FELIZ

Los días se convirtieron en semanas, y luego en meses, y mi barriga crecía de manera impresionante. Fui muy bien cuidada, tanto por los doctores como por Ricardo y mi familia, y fueron unos tiempos llenos de felicidad. Por primera vez en mi vida me sentía realizada como mujer y caminaba como tal. Dondequiera que iba todos tenían que ver con mi barriga, preguntándome cuándo daría a luz y si ya sabía qué iba a tener. Con una gran sonrisa, me tomaba mi tiempo, dándome el gusto en explicarles lo mucho que habíamos esperado y el proceso que atravesamos para poder lograr este sueño hecho realidad.

Al quinto mes de mi embarazo, llegó el momento de saber qué tendríamos. Fue un día muy emocionante, ya que cambiaría nuestro hogar y nuestro destino para siempre. Por fin les pondríamos nombres a nuestros bebés. Habían recibido tanto amor de sus padres, Ricardo les cantaba constantemente, y yo les hablaba de día y de noche, pero todavía no sabíamos cómo llamarles. El técnico entró al cuarto y comenzó el proceso. Rápido nos dijo que el bebé número uno ¡era niña! Siempre fue mi sueño tener una hija, hacerle sus trenzas y vestirla de princesa, ¡y ahora sería una realidad!

El técnico siguió verificando, pero antes de confirmar el bebé número dos, salió del consultorio, causándonos una vez más un poco de estrés y preocupación. Al retornar nos confirmó que el segundo ¡también sería niña! ¡Pronto llegarían Madison y Miabella a llenar nuestras vidas de alegría!

CAPÍTULO 10

CALMA

por Susana y Ricardo Rodríguez

"Yo sé que piensas que tu historia acaba
Y que al final no ha sido cuento de hadas
Que tu sueño no verá la realidad
Oh, pero no, no te rindas ten confianza
que la última palabra, Dios es quien la escribirá.
Calma, que la vida no se acaba
Con el sol de la mañana volverás a sonreír
Calma, nunca pierdas la esperanza
Dios permite las tormentas siempre para bendecir".

(Ricardo): Después de todo lo vivido, nuestro amor había sido transformado, de uno superficial y pasajero a uno profundo y duradero. Más que marido y mujer, hemos llegado a ser mejores amigos. Recuerdo muchas veces Susi y yo caminando juntos por las calles, siempre agarrados de la mano, y nuestras amistades dejándonos saber cómo admiraban ese gesto cariñoso entre los dos. No sabían el precio que habíamos pagado para poder andar así una vez más. No entendían lo mucho que sufrimos al estar separados y lo valioso que era para los dos sentir la mano del otro apretada y segura. Eso permanece hasta el día de hoy, ya que cada vez que vamos al cine, lo primero que hacemos al final de la película es darnos un abrazo. No sé cuándo comenzó esa tradición, pero es algo que, no solo refuerza el aprecio que sentimos el uno hacia el otro, sino que también nos llena de paz y seguridad, sabiendo que todavía estamos juntos. Así es el amor que vivimos, que aun los detalles pequeños son significativos.

La confianza regresó con el tiempo, pero ya no era igual; era de un nivel no antes visto en nuestro matrimonio. No se puede explicar porque es algo que solo Dios puede hacer, pero el pasado quedó en el pasado, y lo que antes nos robaba el sueño, ya no tenía ningún efecto en lo absoluto. Era una relación más estrecha, algo que se logra solo cuando pasan juntos por el fuego, cuando tocas fondo y mirando a tu lado te das cuenta que no estás solo.

Ahora enfrentábamos una nueva etapa en nuestro matrimonio, un reto diferente pero igual de desafiante: seríamos padres de mellizas. Esto nunca fue parte de nuestro plan maestro, no estaba escrito en el guion de nuestros sueños, pero ¡guau, qué bendición! Cuando por fin, la realidad de que íbamos a tener dos princesas corriendo por nuestra casa en pocos meses comenzó a tomar forma en nuestras mentes, nos dimos cuenta que todo cambiaría. Las prioridades, los planes, nuestros viajes y aun el ministerio, tendrían que tomar un segundo lugar a la responsabilidad de ser padres.

Pero faltaba mucho antes de llegar a ese bello momento. A Susi le quedaban varios meses de cuidado y reposo, y todavía los doctores nos hablaban con cautela y aprensión de las posibles complicaciones que pudieran ocurrir durante el embarazo.

Nacimiento prematuro

Dios seguía siendo fiel a nuestras vidas, y en esos primeros meses, en maneras que solo se pueden explicar como sobrenatural, comenzó a poner todo en su lugar sin nosotros tener que hacer prácticamente ningún esfuerzo. El embarazo de Susi fue uno muy tranquilo y sin complicaciones, y aunque mis compromisos me tenían sumamente ocupado, viajando los fines de semana, luchaba por estar siempre presente en todas las citas médicas y en nuestra casa lo más posible.

Cuando nos dieron la fecha de parto, rápidamente la separé en el calendario; yo no me iba a perder ese momento por nada en el mundo. Nos hablaron de abril como el mes del posible nacimiento de nuestras hijas, así que separé casi todos esos días para asegurarme que estuviera presente en ese, el mejor de los días. A las treinta y dos semanas, Susi seguía andando muy feliz, preparando todo en la casa y cargando su barriga, ya bastante avanzada, por todas partes. Pero cada día se le hacía más difícil.

Uno de esos días temprano en la mañana, asistiendo a una de las muchas clases de preparación para el nacimiento de nuestras hijas, comenzó a sentirse mal. Su prima Sara, quien estaba embarazada igualmente y asistía a la misma clase, se dio cuenta y habló con la enfermera para que la examinaran. Rápidamente la llevaron al consultorio y, después de unos exámenes, le dieron la noticia de que su cuerpo estaba comenzando un parto prematuro. Fueron noticias que pusieron su mente a correr, pensando en lo peor, y su corazón a latir con velocidad por las graves consecuencias que conllevaban. Apenas tenía treinta y dos semanas, y nuestras hijas estaban muy pequeñas para nacer.

Los doctores la ingresaron de inmediato y allí estuvo por diez días en reposo de cama y constante vigilancia. Lo primero que hicimos nosotros al enfrentar esa delicada situación fue poner a todos en oración. Entre nuestra

familia y algunas amistades, hicimos un equipo de interce-
sión, y descansando en las promesas de Dios soltamos nuestro afán, sabiendo que Él tenía todo bajo control. Después
de esos diez días, le dieron de alta con la condición de que
descansara en casa, sin hacer absolutamente nada.

Esa misma noche, ya en nuestro hogar, después de
haber pasado por esos difíciles momentos en el hospital,
Susi rompió fuente. Una vez más, con rapidez y temor,
volvimos al hospital a enfrentarnos a lo desconocido. La
ingresaron y comenzaron el proceso de tratar de impedir
que nuestras hijas nacieran antes de tiempo. Esto duró tan
solo doce horas, ya que su cuerpo había comenzado con
contracciones y no había nada más que hacer, sino confiar
en Dios. Nuestras hijas nacieron prematuras, el sábado,
6 de febrero, a las doce de la tarde. Fue un día maravilloso y, durante todo ese tiempo, vimos la mano de Dios
sobre nosotros. En forma sobrenatural, su poder y sobera-
nía estaban obrando.

Algo interesante había pasado los días previos a todo
este drama; algo que solo al final pudimos darnos cuenta. Yo había separado el mes de abril para estar en casa y
poder así compartir con Susi la experiencia del nacimiento
de nuestros milagros. Pero era febrero, y mis hijas tenían su
propia agenda. Mi calendario estuvo lleno todo el año, y
ese mes de febrero, justamente el día 6, ya tenía un concierto confirmado por mucho tiempo. Sin embargo, por alguna
razón se había cancelado a último momento. Fue extraño,
ya que no nos pudimos comunicar con los coordinadores
de ninguna manera, ni ellos con nosotros. Habían dado un
depósito para separar la fecha, pero jamás nos volvieron
a llamar. Así que, después de mucho intentar comunicar-
nos sin ningún resultado, decidí tomar el día libre y quedarme en casa con Susi. Algunos dirán que fue causalidad;

yo digo que fue el plan de Dios, y que considerando las circunstancias alrededor de aquel momento tan importante en nuestras vidas, una vez más, Él había demostrado gran compasión y cuidado de nuestros sentimientos.

Nacieron pesando tres libras y doce onzas cada una. Eran pequeñas, frágiles, pero eran nuestras. Nunca se me olvidará la cara de Susi cuando le puse a Madison por primera vez en su regazo. Su rostro, su sonrisa y sus lágrimas lo decían todo. Por fin, después de tanto tiempo de estar esperando, Susana Rodríguez era mamá. Miabella no tuvo ese honor de conocer a mamá al instante de nacer, ya que su respiración era muy débil y los médicos se la llevaron rápidamente para asistirla. Gracias a Dios todo se compuso sin complicaciones adicionales. ¿Para mí? Para mí fue amor a primera vista. No podía creer que era papá, y que estas dos pequeñas princesas eran mías. Al ver sus rostros, todo cambió. Ya no éramos Susi y yo, éramos una familia completa. Había algo más por qué vivir y por qué luchar. En ese instante, experimentamos otro nivel de felicidad que hasta el momento nos había evadido.

Estuvieron siete semanas dentro de incubadoras bajo cuidado intensivo. Tenían todo tipo de cables y tubos por sus cuerpecitos, y en verdad parecían extraterrestres para aquellos que las veían por primera vez. Pero eran nuestras, y eran bellas. Los doctores constantemente nos recordaban las grandes posibilidades que había de que tuvieran problemas en su desarrollo. Mencionaban la vista, el oído, o que posiblemente sufrirían de asma, ya que sus pulmones no se habían desarrollado completamente. Era una lucha interna que fácilmente a cualquier otra pareja le hubiera afectado de manera negativa. Pero ellos no percibían con quiénes estaban hablando. No tenían idea lo que habíamos atravesado Susi y yo para llegar hasta ahí. Nuestra fe había sido probada, nuestro carácter moldeado, y la seguridad que teníamos en el perfecto plan de Dios para la vida de nuestras hijas, no dejaba que ninguna de esas palabras nos robara el gozo del momento, ni que disminuyera la certeza de que las dos estarían completamente sanas y perfectas.

Les miento si les digo que fue fácil, al contrario, hubo momentos que probaron nuestra resolución. Recuerdo uno de esos momentos cuando, estando ellas aún en cuidado intensivo, el doctor le compartió a Susi la urgencia de someter a Miabella a un procedimiento médico, ya que su salud se estaba deteriorando. Yo estaba de viajes ese día por Barquisimeto, Venezuela, en un concierto junto a mis compañeros René González y Danny Berríos. Esa noche, llegó la llamada desesperada de Susi pidiendo dirección y consejo de cómo proceder. De inmediato, en medio del concierto, nos pusimos a orar, declarando sanidad en el nombre de Cristo sobre Miabella y Madison, y paz sobre la vida de Susi y mía, al estar tan lejos de mi hogar. Dios tomó el control, y después de esa noche, ellas no tuvieron más problemas durante su estadía en el hospital. Salieron pesando cinco libras cada una, una pareciéndose a mamá y la otra a papá. Dos niñas perfectamente sanas, saludables y bendecidas.

Al escribir este libro, ya tienen apenas seis añitos, y constantemente nos preguntan cuándo vamos a terminar, porque les prometimos un perrito cuando culmináramos. Esa es nuestra vida ahora. De promesas y cumplimientos, de risas y abrazos, de gran admiración y profundo agradecimiento. No existen palabras en el vocabulario para describir lo que Susi y yo sentimos cada vez que nuestras hijas entran a nuestra habitación, se sientan en nuestras faldas, y nos dicen, con esas voces tiernas y sinceras: "Papi, mami, *I love you* (les amo)".

Dios ya tiene un plan trazado y Él lo cumplirá

Dios tenía todo esto preparado para nosotros. Aun después de los errores cometidos, su plan permanecía en pie. Pero era imprescindible que el arrepentimiento se encontrara con el perdón para ponerlo todo a caminar. Perdonar no es fácil; requiere valentía frente al "qué dirán"; humildad y paciencia por encima del orgullo y la soberbia; y un corazón dispuesto a olvidar y sepultar aquella transgresión como si nunca hubiera pasado. Es más, si no dejas el pasado morir, el futuro jamás tendrá vida. Con seguridad te digo que sí se puede. Es la decisión correcta, y la única que te lleva a experimentar los resultados maravillosos que estás anhelando, y la verdadera libertad que tanto necesitas. El perdón requiere abrazar el amor y la misericordia, a pesar de que la ira y la justicia constantemente están a la puerta llamando. Es ir en contra de las estadísticas y los porcentajes, y sentirse cómodo siendo uno en un millón, digan lo que digan.

Jamás te negaré que el camino sea duro y doloroso, y que esa tormenta embravecida muchas veces te dejará sin fuerzas y sin ánimo de proceder. Pero no puedo reiterarlo lo suficiente y, aun así, mis palabras se quedan cortas al decirte que ¡vale la pena! Nunca olvides que Dios permite las tormentas siempre para bendecir, y esa bendición se encuentra, no al principio de la tempestad, ni en el medio, sino al llegar al otro lado. Así que, a pesar de lo difícil y agonizante que pueda ser tu senda, no te rindas, porque el que persevera obtiene la victoria.

Todos queremos ser promovidos sin antes ser pulidos, deseamos los beneficios del favor sin tener que atravesar por el dolor. Nadie dice: "Prefiero irme mejor por la senda angosta, oscura y más larga". Siempre buscamos la forma más fácil, segura y rápida de obtener los resultados deseados, evadiendo, si así pudiéramos, los desiertos y las tormentas de la vida. Pero su palabra es clara y certera, y las historias que hay en ella demuestran que hay un alto costo en alcanzar esos beneficios. No existe manera fácil ni rápida para llegar a ser grandes hombres y mujeres de Dios. Si queremos ser usados con poder, dejando nuestras huellas plasmadas en esta tierra, hay un precio que pagar. Cuando leemos en la Biblia acerca de los héroes de la fe, tenemos la tendencia de brincar del principio al final de sus vidas, omitiendo lo más importante, lo que hay en el medio. Allí es donde se encuentran los procesos. Un proceso es una secuencia de pasos, dispuesta con algún tipo de lógica, que se enfoca en lograr algún resultado específico.[1] El resultado que Dios busca es moldear tu carácter, aumentar tu fe y finalmente bendecir tu vida.

Desde un principio, después de ser obedientes y abrazar el perdón, Susi y yo estábamos conscientes de que nuestra decisión nos iba a aislar; nos separaría de todos aquellos que tan solo se enfocaban en el pecado y las estadísticas. Pero igualmente, sentíamos en nuestros corazones que esa decisión venía con una gran oportunidad: la posibilidad de ser usados como instrumentos del poder restaurador de Dios. Era una promoción ministerial y matrimonial extendida a nosotros si tan solo llegábamos al otro lado. Al otro lado de ese desierto de angustia y dolor, de vergüenza y humillación, y al otro lado de aquel fuego que nos quemaba, puliéndonos para ser útiles algún día. Gloria a Dios, lo logramos; fuimos procesados y nunca hemos sido los mismos.

Desde ese momento, Dios comenzó a trazar en nosotros un nuevo camino; una senda que, habiendo moldeado nuestro carácter y aumentado nuestra fe, nos ha llevado a conocer el poder y la grandeza de Dios en maneras que jamás hubiéramos imaginado. Ahora, el hecho de estar aislados lo hemos visto como parte del perfecto plan de Dios para nuestras vidas. Hemos sido separados para Él, ¡y para su gloria! Hemos visto su bendición y favor, su cuidado y protección, y su gloria manifestarse sobre nosotros en forma maravillosa una y otra vez. Tenemos testimonios como para escribir varios libros acerca de su fidelidad y provisión, amor y bondad, y su inefable misericordia, que aun con todas las veces que le hemos fallado, ha sido derramada sobre nuestras vidas sin falta.

Recuerdo un viaje en el cual, con plena certidumbre, puedo decir que vi la mano de Dios librarme de la muerte. Luego de una noche increíble de concierto, en donde decenas de personas dieron su vida a Cristo, salí de madrugada para poder tomar el primer vuelo de regreso a casa. Era el 25 de diciembre, y les había prometido a mis hijas y a Susi que estaría temprano en casa ese día para juntos celebrar la Navidad. Antes de comenzar nuestro viaje, hablé por teléfono con Susi por última vez, ya que no tendría manera de comunicarme durante el camino. Sus últimas palabras en nuestra breve conversación fueron: "Por favor, ponte el cinturón de seguridad". Así lo hice, y salimos.

Habíamos manejado toda la noche sin dormir para llegar temprano al aeropuerto, pero a tan solo unas millas de nuestro destino, el chofer, cansado del largo viaje, se durmió y perdió el control del auto. Después de volcarnos varias veces, quedamos con las llantas para arriba, al otro lado de una de las avenidas más transitadas de esa ciudad. Colgando de los cinturones de seguridad, y en *shock* total, traté de comunicarme con la pareja que me acompañaba, pero el chofer había quedado inconsciente, y su esposa, aunque respondió que estaba bien, también se había golpeado y estaba adolorida. Logré soltarme, y cayendo en el techo del auto, me arrastré hasta poder salir. Abrí la puerta del chofer, le ayudé a evacuar de aquel auto, que aún tenía las llantas dando vueltas en el aire y permanecía en el centro de la avenida. Algunas personas, quienes ya se habían acercado, hicieron lo mismo con su esposa. Estando afuera y viendo ese cuadro de destrucción, los tres en un gran abrazo les dimos gracias a Dios. Yo, fuera del golpe inicial, no tuve ninguna lesión. Ni el sombrero se me había caído de la cabeza. No lo puedo explicar, pero sé que fue un milagro de Dios.

> *Pues a sus ángeles mandará acerca de ti, que te guarden en todos tus caminos.*
> —SALMO 91:11, RV60

Después de unos minutos, al llegar las autoridades y ver que se había tranquilizado la situación, tomé un taxi y me fui al aeropuerto. Luego de todo lo sucedido, más que nunca quería estar en casa en esas navidades. Del aeropuerto logré comunicarme con Susi, pero antes de contarle lo que me había pasado, ella me dijo: "El chofer se durmió, y tuvieron un accidente". Una vez más, ¡me quedé en *shock*! ¿Cómo ella sabía lo ocurrido si tan solo habían pasado unos minutos y yo estaba aún en otro país? Continuó diciéndome que el Espíritu Santo la había despertado, inquietándola a que orara por mi vida, ¡porque el chofer se iba a quedar dormido e iban a tener un accidente! ¡Era increíble! Desde el cinturón que me puse hasta la oración de Susi, Dios tenía a sus ángeles cuidando de mí.

Está de más decir que esas navidades fueron unas de las más especiales de mi vida. Llegué a casa, todavía de mañana, a encontrarme con Susi, mis hijas y mi madre, esperándome en la puerta. Me abrazaron con alivio y agradecimiento. Mi madre quería verme con sus propios ojos, ya que la noticia de mi accidente le trajo malos recuerdos de la muerte de mi papá. Su abrazo, largo, fuerte y silencioso, lo decía todo.

Ese día, sentado en la sala de mi casa viendo a mis hijas jugar felizmente, sin saber que pudieran haber perdido a su papá tan solo unas horas antes, como perdí yo el mío años atrás, me conmovió profundamente. Comprendí que, sin duda, la vida es frágil y pasajera, pero se vive mejor sabiendo que hay un Dios el cual nos tiene en la palma de su mano, y la última palabra la tiene Él.

(**Susana**): En todos nuestros viajes hemos visto cómo la promesa de Dios para usarnos se ha manifestado. A veces, en forma clara y directa y dentro de nuestros planes, y otras, totalmente como obra soberana de Dios y por encima de nuestras mejores intenciones. Hasta entonces, siempre había sido por medio de las canciones de Ricardo y el ministerio musical que Dios había depositado en sus manos, pero sabíamos que existía mucho más en nosotros para ofrecer, y que el tiempo se acercaba para abrir nuestros corazones y demostrarlo.

Habíamos compartido muy poco de nuestro testimonio y el milagro de lo que Dios había hecho en nuestro matrimonio a través de los años. Pero Dios comenzó a inquietarnos y a poner en nuestro camino a parejas que necesitaban palabras de aliento y esperanza en medio de sus crisis matrimoniales. Quisiera contarles una de las experiencias que por fin nos motivó a compartir nuestra historia con el mundo.

EXPUESTA POR PRIMERA
VEZ EN PÚBLICO

Constantemente nos llegan invitaciones para conciertos, congresos, servicios especiales y diferentes tipo de eventos que nos mantienen sumamente ocupados, transportándonos a diferentes esquinas de este planeta. Hace unos años, entró una llamada a las oficinas que terminó cambiando nuestra perspectiva y el enfoque de nuestro ministerio. Era una invitación para ministrar en otro país, dando un concierto el sábado y también una charla el domingo en la mañana. Lo curioso fue que el pastor insistía que yo fuera parte de ese viaje. Con mis hijas ya creciendo, intentaba no viajar todos los fines de semana y mucho menos cuando eran países lejanos. Pero la persistencia del pastor me convenció y decidí acompañar a Ricardo en este viaje.

Después de haber confirmado mi asistencia, llegó la bomba. ¡El pastor quería que yo compartiera algo de la Palabra! Al instante le dije que no. *Yo no soy conferencista ni oradora para estar al frente y hablarle al público con facilidad, y el temor me iba a paralizar*, pensaba yo. Con mucho gusto acompañaría a Ricardo, pero hablar al frente de la congregación, ¡nunca! Pasaron algunas semanas, y el pastor llamó nuevamente para confirmar que todo estaba en pie y corriendo bien, y preguntó si yo había cambiado de opinión referente a compartir algo con su congregación. Mi respuesta fue la misma: "Lo siento, pero no".

Mientras tanto, el Espíritu Santo ya me había estado inquietando, y cuando menos lo pensé, me confrontó. Era cierto que yo no estaba capacitada y no tenía experiencia hablándole al público, pero sí había una historia que contar; una que tan solo yo podía compartir. Aunque mi boca decía "nunca", mi mente pensaba "tal vez". Finalmente, mi corazón terminó diciendo "sí". Hablé con Ricardo y él, con mucha alegría, me dio su apoyo incondicional. Enseguida fui a la Palabra y comencé a prepararme para aquel día. Había decidido no hablar de nuestro matrimonio, sino más bien compartir del amor de Dios y su fidelidad. Todavía no me sentía cómoda compartiendo mis fracasos y tropiezos públicamente.

Cuando llegamos a la ciudad, fuimos directo al salón en donde Ricardo estaría dando su concierto, y al entrar por las puertas nos dimos cuenta que sería un banquete formal para parejas. El lugar se llenó, y todos estaban con sus mejores vestimentas de gala. Se podía palpar una gran expectativa en el ambiente. Aun así, mirando alrededor de aquella sala llena de gente, había algo que me inquietaba y me hacía sentir fuera de lugar. Los vestidos de gala y trajes formales estaban enmascarando algo, pero no sabía qué. Yo ya venía con poco entusiasmo, y ahora estando allí, toda la valentía que había acumulado durante las semanas de preparación a ese viaje, rápidamente estaba desapareciendo.

Después de estar esperando un tiempo, nos sentaron con otras parejas en la mesa designada, y comenzamos a comer. Allí en nuestra mesa, percibí a una joven, un poco retirada y con un rostro triste, que no estaba comiendo. Pronto me enteré que era la esposa del pastor, y esto aumentó mi incertidumbre y temor de compartir. Continuaba con muchos nervios, y en mi interior le pedía a Dios que, por favor, cambiaran el programa, para así yo no tener que hablar. Ricardo cantó y fue de gran bendición a todos los que estaban presentes. Ya casi finalizando la noche, el pastor se acercó y me dijo que en la mañana me tocaría a mí dar la charla.

Regresamos al hotel, y con mucha ansiedad y dolor de estómago, me puse de rodillas a orar. Necesitaba sentir a Jesús a mi lado y la fortaleza de Dios sosteniéndome, ya que el miedo que sentía era aterrador. Esa noche la pasé muy inquieta, dándole vueltas a las notas de mi prédica, pero no le encontraba sentido a nada de lo que había preparado. Por fin, me rendí al sueño.

Al otro día en la mañana, Ricardo, al ver la situación emocional en la cual me encontraba, puso sus manos sobre mí y levantó una oración de fe y afirmación. Sus palabras me dieron ánimo y me llenaron de paz, disipando aquella ansiedad que inundaba mi corazón. Esa calma que tanto necesitaba me dio claridad, y le dije a Ricardo que sentía de Dios descartar las notas y hablar del corazón, hablar de nuestra historia. Él estuvo de acuerdo y salimos rumbo a la iglesia. Cuando llegamos, no era lo que me imaginaba; estaban construyendo el edificio y dando los servicios en una carpa inmediata. Me acuerdo que hacía frío, causado por el viento que soplaba y también por la gente que nos rodeaba. Las mujeres, todas serias, les faltaba amabilidad, guardaban su distancia, y otra vez me sentía fuera de lugar e incómoda. A la distancia podía ver a la bella esposa del pastor, aún triste y solitaria, también pareciendo que estaba fuera de lugar.

Ricardo ministró en la alabanza, y mientras estaba en el altar adorando, hubo varios momentos en que casi le digo que siguiera y tomara todo el tiempo. El miedo que tenía era paralizante. Era un temor de insuficiencia, el cual me hacía sentir incapaz de compartir al frente de la congregación, a gente que no se veía muy receptiva. Pero cuando el

Espíritu Santo va delante de ti y Jesús está a tu lado, tienes la victoria garantizada. Así que, cuando Ricardo me presentó, me armé de valor y subí a la plataforma confiando que todo saldría bien. Ricardo me pasó el micrófono y, bajo aquella carpa fría y frente aquella gente aún más fría, comencé a abrir mi corazón. Hablé de cómo había caído en una relación fuera del matrimonio y el daño que mi pecado había causado a nuestras vidas. Compartí de las consecuencias y el proceso, del perdón y la misericordia, y de aquella restauración total que existe cuando hay un arrepentimiento genuino y un abandono completo del pecado.

Fui breve y no hubo detalles, pero el resultado fue inmediato e impactante. Todos los presentes me miraban con caras sorprendidas. Algunos hasta se pararon y se fueron. Fue algo vergonzoso, dejándome con el triste deseo de que la tierra me tragara. Me sentí desnuda y juzgada por personas que ni siquiera conocía. El final fue peor de lo que jamás pude imaginarme. Lo único que sobrepasaba ese drama tan atroz fue la reacción del pastor. Él iba saliendo del lugar cuando apenas comencé a hablar de mis transgresiones. Pero al escuchar lo que salía de mi boca, se detuvo en frío y dio media vuelta. Sus ojos se enfocaron en los míos y su rostro cambió por completo, dándome la impresión de que no estaba contento para nada. ¿Qué más me pudiera ir mal, me preguntas? Bueno, les cuento.

Durante mi charla, el viento comenzó a soplar. Primero, en una manera suave y sutil, pero de pronto, mientras más compartía nuestro testimonio, sopló en una forma violenta y fuerte. La carpa se levantaba con cada ráfaga de viento y la arena que entraba golpeaba mi rostro sin cesar. Parecía como algo de cine de Hollywood. Por un instante pensé que saldríamos todos volando como en la película del Mago de Oz, pero sin duda era algo sobrenatural. Ricardo subió y terminó con una canción más, haciendo un llamado a las parejas que estaban atravesando problemas en sus matrimonios. Nadie pasó al frente.

EL PROPÓSITO ES REVELADO

Cuando llegamos al hotel esa tarde, me tiré en la cama y comencé a llorar. Yo había abierto mi corazón y, con transparencia, compartido algo tan íntimo y personal, sin ver ningún resultado en lo absoluto. Estaba confundida y derrotada, cuestionando a Dios por todo lo que me había pasado esa mañana. Finalmente me quedé dormida, queriendo estar en casa lo más pronto posible. Había pasado tan solo unas horas, cuando Ricardo me despierta, dejándome saber que el pastor venía de camino para llevarnos a cenar. Lo que menos quería yo en ese momento. Llegó con su esposa y juntos salimos a un restaurante muy tranquilo y aislado.

Allí cenamos, teniendo una ligera conversación, mientras por dentro yo seguía cuestionando a Dios por todo lo sucedido. ¿Por qué traernos a un país tan lejos con el simple fin de avergonzarnos? ¿Por qué hacernos perder el tiempo y dejar que abriéramos nuestros corazones a personas que ni siquiera estaban interesadas en lo que íbamos a compartir? Al final de la cena pedimos un café y, de repente, algo sucedió.

El pastor comenzó a desahogarse, abriéndonos su corazón. Nos dejó saber lo difícil que era para él decir lo que en ese momento nos iba a decir. Nos dijo que había estado orando para que Dios le demostrara a alguien que, habiendo atravesado lo mismo que él, pudo superarlo y llegar al otro lado en victoria. Nos comentó que su esposa le había sido infiel, y que aún estaban lidiando con ese dolor y trauma causado por tan terrible error. Añadió que, aunque él había perdonado a su esposa y estaban en proceso de restauración, la congregación no había demostrado la misma misericordia. Nos hizo muchas preguntas, queriendo saber cómo lo habíamos logrado; cómo llegamos a encontrar de nuevo la felicidad y confianza en nuestro matrimonio; cómo sobrepasamos la pena y vergüenza asociada con ese tipo de pecado; y cómo ahora podíamos caminar juntos, tomados de la mano, sin demostrar síntomas de aquella herida tan profunda.

Él no tenía idea de a quién estaba invitando para su cena concierto. Jamás se imaginó que el plan de Dios estaba en acción desde la primera llamada que nos hizo a nuestras oficinas. Había insistido tanto que yo hablara ese domingo, sin saber que lo que iba a compartirles eran las páginas de su propia vida. Nos dimos cuenta que ese fue siempre el plan de Dios, usarnos a nosotros como ejemplo. Notamos un cambio drástico en su rostro; se veía más relajado y por fin mostró una sonrisa. Mientras tanto, su esposa, silenciosamente, había comenzado a llorar. El pastor intentó consolarla, y mientras más le preguntaba qué le pasaba, más fuerte gemía. Después de unos minutos, ella logró componerse y, con desesperación en su voz, nos dijo: "Yo había planeado quitarme la vida hoy mismo en la iglesia. No aguantaba más el desprecio y las miradas falsas con que, constantemente, todos me juzgaban. Al escuchar el testimonio de Susana, me di cuenta que no estaba sola y que sí se puede volver a empezar. Si ustedes lo lograron, siento en mi corazón que, con la ayuda de Dios, nosotros también podemos".

Mi corazón se desplomó, y también comencé a llorar. El pastor se levantó y la abrazó con cariño y compasión. En ese momento, todo se vio con claridad. El propósito de

Dios se había cumplido. Esta bella pareja encontró a dónde mirar como ejemplo del poder restaurador de nuestro Padre celestial. No pude contenerme y, saliendo a las afueras del restaurante, comencé a hablar con Dios. Solo podía darle las gracias una y otra vez, y a la vez pedirle perdón por tantas preguntas y dudas que tuve durante todo ese viaje.

Al ver el plan de Dios desarrollarse en una manera inexplicable y tan maravillosa, nuevamente llegaron a mi memoria aquellas líneas del libro *Postcards For People Who Hurt* [Postales para personas que están sufriendo] de Claire Cloninger:

> *"Que vaso más precioso serás para mí entonces.*
> *¡Un vaso que una vez fue humillado y herido, pero*
> *que ahora ha sido sanado para ser un sanador!*
> *Este es mi plan para ti,*
> *Dios."*[2]

Había sido sanada para ahora ser una sanadora. ¡Yo era el vaso que Dios estaba usando! ¡Yo! Aquella pecadora que intentó terminar su vida varias veces; la que no podía dormir en su cama, porque no se sentía digna; la señalada, la menospreciada, la olvidada y la incapaz. ¡Dios había hecho algo precioso de una vida tan vil! ¡Oh, cuán grande es el amor de Dios, y cuán inmensa es su misericordia!

Ese fue el momento decisivo que nos impulsó a escribir este libro. A contar, con transparencia y sinceridad, una historia íntima y dolorosa, que probablemente te incomoda y te confronta. Ricardo y yo estamos unidos en este sentir: Si tan solo una persona es conmovida a perdonar; si tan solo un corazón quebrantado por el pecado encuentra misericordia y sanidad; y si nuestras vidas necesitan ser expuestas y usadas como ejemplo de restauración para que eso sea posible, literalmente, ha valido la pena escribirlo.

No guardamos rencor, ni existe resentimiento alguno para aquellos que, tal vez por ignorancia o emociones que no han sido sanadas, no actuaron de la mejor manera con nosotros al principio. Es imposible, después de haber experimentado tanto perdón y diariamente vivir bajo la inmensa e inigualable gracia de Dios, mirar a nadie con desprecio y juicio.

Sin embargo, es nuestro profundo deseo que, al compartir esta historia, todos los que la lean encuentren en ella esperanza en la noche más oscura, perdón como la primera opción y, si eres líder, valentía para siempre ofrecer ambos. Nunca olvides esto: ¡El amor todo lo puede, el perdón no tiene límites, y la fe mueve montañas!

NOTAS

CAPÍTULO 1: MI HISTORIA COMIENZA AQUÍ

1. National Parents Organization, www.nationalparents organization.org/blog/3924-psychotherapist-st-3924, según acceso el 2 de junio, 2016.

CAPÍTULO 4: DIOS NO FALLA

1. Rick Warren, *Liderazgo con propósito* (Editorial Vida, 2008), p. 10.

CAPÍTULO 5: QUIZÁS HOY

1. David Augsburger, *Perdonar para ser libre* (Editorial Portavoz, 1977), p. 21.
2. *Ibíd.*, p. 19.

CAPÍTULO 6: VUELVE

1. Claire Cloninger, *Postcards For People Who Hurt* [Postales para personas que están sufriendo] (Word Publishing, 1995).

CAPÍTULO 10: CALMA

1. http://definicion.mx/proceso/, según acceso el 21 de julio, 2016.
2. Claire Cloninger, *Postcards For People Who Hurt* [Postales para personas que están sufriendo] (Word Publishing, 1995).

ACERCA DE LOS AUTORES

Ricardo y Susana es una pareja que cuenta con 24 años de matrimonio y 20 años en el ministerio musical. Juntos han logrado impactar a millones de vidas a través de este planeta con canciones de esperanza y amor, y con un testimonio que demuestra el poder sanador y restaurador de nuestro Padre celestial. Son padres de unas mellizas hermosas, Madison y Miabella, quienes hoy tienen 6 años de edad. También son miembros de la iglesia Jesus Worship Center, la cual pastorea Frank y Zayda López, en la ciudad de Miami, Florida.

Ricardo ha sido galardonado con numerosos premios y nominaciones por sus 17 proyectos discográficos, entre ellos: "Serie Alabanzas del pueblo" (1999–2001), "Sinceramente Ricardo" (2005), "Eso es" (2008), "Calma" (2011) y "Huele a lluvia" (2015).

Juntos emprenden una nueva etapa en su ministerio al ser autores de este su primer libro, *¿Y si comenzamos de nuevo?* Es una obra autobiográfica donde comparten con honestidad y transparencia lo que sucede cuando el arrepentimiento se encuentra con el perdón. Es el testimonio de sus fracasos, triunfos, procesos y victorias. Sus vidas son un ejemplo de lo que nuestro Dios es capaz de hacer con corazones entregados y apasionados por Él.

Para más información visite:
www.ricardorodriguez.com
Facebook: ricardorodríguezalaba
Twitter: Ricardoalaba
Instagram: Ricardoalaba
Invitaricardo@me.com

Recupere su familia y
fortalezca su futuro

CONOZCA:

- Las 4 cosas que destruyen una familia
- Cómo los padres pueden ganar el respeto de sus hijos
- Los siete hábitos para desarrollar en familia

¡podemos vivir juntos y disfrutar el viaje!

De regreso a casa

RECUPERE SU FAMILIA Y
FORTALEZCA SU FUTURO

SIXTO PORRAS

DIRECTOR DE ENFOQUE A LA FAMILIA PARA EL MUNDO HISPANO

SIXTO PORRAS

DIRECTOR DE ENFOQUE A LA FAMILIA
PARA EL MUNDO HISPANO

CASA CREACIÓN

CASA CREACIÓN

Te invitamos a que visites nuestra página web, donde podrás apreciar la pasión por la publicación de libros y Biblias:

www.casacreacion.com

f @CASACREACION

🐦 @CASACREACION

📷 @CASACREACION

Para vivir la Palabra